식객 음식감독 김수진의

소문난 요리법

식객 음식감독 김수진의
소문난 요리법

1판 2쇄 발행 2015년 3월 16일

지은이 김수진
펴낸이 김선숙, 이돈희
펴낸곳 그리고책

주소 121-842 서울시 마포구 동교로19길 7 2층(서교동, 삭녕빌딩)
대표전화 02-717-5486~7
팩스 02-717-5427
이메일 editor@andbooks.co.kr
홈페이지 www.andbooks.co.kr
출판등록 2003.4.4 제 10-2621호

편집책임 이정순
편집진행 이선미, 안세은, 김아름, 이미현, 김경애, 장유정
요리진행 김수진, 이혜원
마케팅 남유진, 이교준
경영전략 박진희, 조영은

포토디렉터 프레임스튜디오 주민호
푸드스타일링 이혜원 (푸드앤컬쳐아카데미)
푸드스타일링 어시스트 정재금, 이소라, 박종임

제품 협찬 샘표식품(www.sempio.com)
　　　　　테팔(www.tefal.co.kr)
　　　　　(주)락앤락(www.locknlock.com)

값 14,800원
ⓒ2015 김수진
ISBN 978-89-97686-53-7 13590

All rights reserved. First edition printed 2015. Printed in Korea.

· 이 책을 무단 복사, 복제, 전재하는 것은 저작권법에 저촉됩니다.
· 잘못 만들어진 책은 바꾸어 드립니다.
· 책 내용 중 궁금한 사항이 있으시면 그리고책(Tel 02-717-5487, 이메일 hunter@andbooks.co.kr)으로 문의해 주십시오.

식객 음식감독 김수진의

소문난 요리법

김수진 지음

**흔한 재료 • 쉬운 조리법 • 환상적인 맛
더 이상 비밀은 없다!**

그리고책
andbooks

PROLOGUE

우리는 평생 살면서 몇 끼를 찾아 먹을까요? 하루 세 끼를 먹는다고 가정을 하고 약 80세까지 건강을 유지하면서 일상적인 생활을 한다면 평생 약 87,600번을 먹습니다.

87,600번을 '과연 무엇을 어떻게 먹으면서 건강한 삶을 유지할까?'하고 생각해 본 적이 있습니다.
우리나라는 사계절이 뚜렷하여 땅과 바다에서 생산되는 제철 음식의 영양성분이 각각의 독특함이 있습니다. 그래서 우리 조상들은 음식을 약의 개념으로까지 생각하여 음식을 잘 챙겨 먹기만 해도 몸의 건강을 유지한다고 하였습니다. 갖은 양념이라고 하는 것도 藥念에서 발음이 변한 것입니다.

같은 식재료라고 해도 양념을 어떻게 사용하느냐에 따라서 식재료의 부족한 영양소를 보완 충족 시켜서 맛있는 음식으로 탄생하게 됩니다.

머리로 음식을 먹는 시대라고 합니다.
즉 음식의 성분을 최대한 고려하여 나의 몸에 맞는 음식을 섭취함으로써 건강한 삶의 기본을 다지는 것이지요. 당연한 말입니다.
그러나 요리연구가인 저자는 거기에 더하여 맛 또한 중요하다고 생각합니다. 아무리 영양성분이 뛰어나도 맛이 없으면 먹기 힘들 뿐 아니라 한 끼 먹을 적마다 커다란 고역이 아닐 수 없지요.

"87,600번을 어떻게 먹을 것인가".

영양소만 생각한다면 비타민 정만 먹으면 됩니다. 인간은 맛있는 음식을 추구합니다. 혀에서 느끼는 좋은 식감과 맛있는 음식을 먹었을 때의 만족감과 희열을 어디에 비교할 수 있을까요.

이번에 발간되는 책은 요리연구가의 직분을 최대한 살려서 독창적인 양념의 개발을 비롯한 손쉽고 편하게 요리하는 방법을 선보이게 되었습니다. 속담에 예쁜 여자는 소박을 맞아도 요리 잘하는 여자는 소박을 맞지 않는다는 말이 있지요.
많은 독자들이 이 책을 보고 보다 맛있는 요리로 사랑받는 아내와 엄마로써 화목한 가정을 이끌어 가기를 희망해봅니다.

김수진

CONTENTS

- 4 들어가는말
- 6 목차

Part1 everyday
맛을 내는 요리 비법

- 12 계량법
- 14 기본양념 소개
- 16 두루두루 쓰이는 양념장 만들기
- 20 요리가 쉬워지는 간단 즙 만들기
- 22 요리가 맛있어지는 간단 육수 만들기

Part2 everyday
즐겨먹는 채소

- 26 배추김치
- 28 얼갈이배추감자물김치
- 30 백김치
- 32 배추속대국
- 34 콩나물냉채
- 35 콩나물무침
- 36 콩나물잡채
- 38 콩나물김칫국
- 40 시금치된장국
- 41 시금치무침
- 42 시금치바지락볶음
- 44 새송이버섯미역국
- 45 느타리버섯전
- 46 느타리버섯볶음
- 48 버섯샐러드
- 50 표고버섯전
- 52 버섯들깨탕
- 54 버섯전골
- 56 버섯국
- 58 목이버섯고추볶음
- 60 오이소박이
- 62 오이갑장과
- 64 가지볶음
- 66 가지냉국
- 68 가지전과 쇠고기버섯볶음
- 70 가지무침
- 71 고사리들깨볶음
- 72 청양고추장아찌
- 74 오이고추물김치
- 76 오이고추된장무침

78	꽈리고추콩가루찜
80	깍두기
82	알타리김치
84	무피클만두
86	무조림
88	무나물
89	우엉유자청무침
90	우엉조림
91	우엉장아찌
92	연근전
94	연근샐러드
96	연근장아찌
97	애호박새우젓볶음
98	애호박찜
100	애호박오징어찌개
102	부추오징어무침
104	부추전
106	감자조림
108	맑은감잣국
110	감자냉채국수
112	고구마샐러드
113	도라지볶음
114	도라지오이초고추장무침
115	마늘장아찌
116	마늘종간장장아찌
118	마늘종쇠고기조림
120	마늘종무침
121	풋마늘초무침
122	깻잎간장장아찌
124	더덕생채
126	더덕양념구이
128	더덕장아찌
129	쑥갓두부무침
130	미나리전
132	미나리팽이버섯무침

Part3
싱싱한 생선 해산물

136	맑은대구탕
138	북엇국
140	동태탕
142	황태포장아찌
143	삼치카레구이
144	고등어조림
146	간장게장
148	양념게장
150	오징어불고기
152	오징어해물누룽지탕
154	마른오징어식해
156	연포탕
158	낙지양배추볶음
160	매운홍합볶음
162	꼬막찜
164	전복장
166	아귀찜
168	톳두부된장무침
170	톳장아찌
171	다시마튀각
172	물미역생굴초무침
174	파래무침
176	김장아찌

Part4
든든한 고기

- 180 육전
- 182 쇠고기코다리조림
- 184 쇠고기찹쌀구이
- 186 된장소스차돌박이봄동무침
- 188 쇠고기오절판
- 190 쇠고기단호박전병
- 192 시래기된장사태조림
- 194 견과류떡갈비
- 196 갈비탕
- 198 불고기김치샐러드
- 200 쇠고기뭇국
- 202 차돌박이콩된장찌개
- 204 등갈비찜
- 206 맥적
- 208 주꾸미삼겹살볶음
- 210 통삼겹김치찜
- 212 돼지고기김치찌개
- 214 닭볶음탕
- 216 닭강정
- 218 닭다리콩조림
- 220 영양삼계탕
- 222 초계탕
- 224 오리고추장불고기

Part5
영양만점 콩 달걀 견과류

- 228 채소달걀말이
- 230 달걀버섯장조림
- 232 달걀새우찜
- 234 연두부냉채
- 236 두부샐러드
- 238 두부스틱
- 240 두부해물찜
- 242 고추장두부찌개
- 244 순두부찌개
- 246 콩되비지찌개
- 248 도토리묵김치무침
- 250 도토리묵밥
- 252 호두장과

Part7 everyday
사계절 맛있게! 시즌레시피

280	세발나물무침
281	세발나물샐러드
282	쑥버무리
284	애탕
286	냉이무침
287	냉이우렁된장국
288	달래김무침
289	달래해물전
290	봄동겉절이
291	유채나물무침
292	취나물된장무침
293	씀바귀무침
294	두릅강회
296	두릅적
298	콩물열무물김치
300	열무비빔국수
302	새우완자된장아욱국
304	근대무침
305	양미리조림
306	대하잣즙냉채
308	과메기다시마쌈
310	석화샐러드
312	굴두부탕
314	매생이굴국

316	인덱스

Part6 everyday
심플하게 즐기는 가공식품

256	캔옥수수전
258	캔죽순볶음
260	캔꽁치김치찜
262	캔꽁치무조림
264	캔고등어된장조림
266	캔참치샐러드
268	캔참치파인애플꼬치
270	캔닭가슴살김치볶음밥
272	캔골뱅이채소무침
274	어묵곤약조림
276	뱅어포구이

PART 1

everyday

맛을 내는 요리 비법

매일매일 하루 세 번 차리는 식탁. "어떻게 하면 조금 더 쉽게, 더 맛있게 차릴 수 있을까?"하는 고민은 모두 한 번쯤 해보셨을 거예요. 본격적으로 요리를 시작하기 전에 이런 고민을 모두 날려버릴 수 있는 팁을 먼저 알려드릴게요. 밥숟가락과 종이컵만 있으면 되는 계량법부터 미리 만들어 두고 어디에나 활용할 수 있는 양념과 즙, 육수까지. 음식의 맛과 멋을 한층 높여주는 특급 노하우를 가득 담았습니다.

01 계량법

요리를 하기 위해서 기본적으로 알아야 할 사항 중의 하나가 바로 계량법이에요. 계량은 서로 간의 약속이기 때문인데, 누가 재도 같은 양으로 측정할 수 있어야 레시피의 공유와 정확한 전달이 가능하죠. 언제 어느 때 요리를 하더라도 같은 맛을 내려면 나만의 레시피도 정확한 계량이 필수예요. 계량에서 사용하는 가장 기본 단위인 컵과 큰술, 작은술에 대해 알아볼까요?

계량컵

계량컵은 200ml를 기준으로 1컵이라 하는데요. 계량컵이 없을 때는 200ml 우유팩을 이용해서 우유가 들어 있던 부분에 눈금을 그어 사용해도 좋아요. 또는 일반 사이즈의 종이컵을 가득 채워도 1컵이 되지요.

똑같이 1컵이라고 하더라도 이것을 무게로 잴 때 물은 200g이지만 밀가루는 더 가볍고 기름은 더 무거워요. 그러므로 레시피를 보면서 부피와 무게를 동일시하는 착각은 하지 말아야 해요. 하지만 기본양념 중에서 식초나 간장과 같은 액체는 물과 거의 비슷한 양으로 보아도 좋아요.

계량을 할 때 위에서 아래를 보고 하면 정확도가 떨어지므로 반드시 눈높이를 눈금에 맞춰 계량하세요. 밀가루를 계량할 때는 밀가루를 체에 쳐 공기의 포집을 일정하게 한 뒤에 누르거나 뭉치지 않도록 숟가락으로 담아 위를 수평으로 깎은 뒤 계량을 하고요. 버터나 흑설탕처럼 덩어리가 지기 쉬워 컵에 담을 때 중간에 공간이 생기는 것들은 꼭꼭 눌러서 계량하세요.

컵으로 계량하기

● 액체 분량 재기

계량컵 1컵 / 종이컵 1컵 / 계량컵 ½컵 / 종이컵 ½컵

● 가루 분량 재기

계량컵 1컵 / 종이컵 1컵 / 계량컵 ½컵 / 종이컵 ½컵

계량스푼

시판되는 계량스푼은 보통 1큰술, 1작은술, ½작은술, ¼작은술로 구성되어 있고, 양쪽으로 큰술과 작은술이 달려 있는 간단한 형태의 계량스푼도 있어요.

큰술은 영어로는 테이블스푼 Table spoon 으로 실제로 밥을 먹을 때 식탁 Table 에서 사용하는 숟가락을 기준으로 만들었다고 해요. 물을 넣어 계량했을 때 15cc를 한 큰술이라 말해요. 작은술은 영어로 티스푼 Tea spoon 이라 말하는데 말 그대로 차를 마실 때 사용하는 숟가락을 기준으로 만들었어요. 한 큰술의 ⅓에 해당하는 5cc예요. 계량컵이나 계량스푼을 사용할 때 가장 중요한 것은 마치 물이 담겨져 있을 때와 마찬가지로 윗면을 언제나 평면 상태로 깎아 사용하는 것임을 잊지 마세요.

스푼으로 계량하기

• 가루 분량 재기

| 계량스푼 1큰술 | 밥숟가락 1큰술 | 계량스푼 1작은술 | 밥숟가락 1작은술 |

• 액체 분량 재기

| 계량스푼 1큰술 | 밥숟가락 1큰술 | 계량스푼 1작은술 | 밥숟가락 1작은술 |

• 장류 분량 재기

| 계량스푼 1큰술 | 밥숟가락 1큰술 | 계량스푼 1작은술 | 밥숟가락 1작은술 |

• 다진 재료 분량 재기

| 계량스푼 1큰술 | 밥숟가락 1큰술 | 계량스푼 1작은술 | 밥숟가락 1작은술 |

그 외 알아두기

- **약간** 소금이나 후춧가루 등을 약간 넣었다면 엄지와 검지로 살짝 집은 정도를 말해요.

- **필수 재료** 필수 재료는 음식을 만들기 위해 꼭 필요한 재료를 말해요.

- **선택 재료** 선택 재료는 있으면 좋지만 기본적인 맛을 내는 데는 크게 영향을 끼치지 않는 재료를 말해요. 비슷한 재료로 바꾸거나 생략이 가능해요.

- **양념** 설탕, 식초, 간장, 다진 마늘, 고추장 등 요리의 맛을 내기 위해 쓰이는 재료를 말해요.

- **'+'표시의 의미** 양념장, 소스 등 음식을 만들기 전에 미리 섞어 놓으면 좋은 양념이에요. 미리 섞어두면 숙성되면서 맛이 어우러져 더 깊은 맛을 내거든요.

02 기본양념 소개

한식요리에서 빼놓을 수 없는 기본양념을 소개할게요. 맛이나 숙성에서 약간씩 차이가 있는 재료의 쓰임새를 확실히 안다면 요리가 더 맛있어지겠죠?

간장

- **조선간장** 탈지대두와 소맥을 이용하는 일본식 간장 제조방식으로 만들어지는 진간장, 양조간장과는 달리 100% 콩과 소금만을 이용하여 한국 전통방식으로 만드는 간장을 조선간장이라고 한다. 염도가 높고 색깔이 엷어서 음식 본래의 색을 유지하면서 국물 요리나 무침 요리에 간을 맞출 수 있게 해준다.

- **양조간장** 양조간장은 탈지대두와 소맥을 사용하여 장시간 발효, 숙성시켜 만드는 간장으로 장기간 발효하는 과정에서 형성되는 맛과 향이 풍부하다. 양조간장은 진간장처럼 써도 무방하나 부침개를 찍어 먹거나 회를 먹을 때처럼 생으로 먹는 요리에 더욱 좋다.

- **진간장** 진간장은 아미노산의 시간적, 영양학적 손실을 최소화하기 때문에 감칠맛이 뛰어나고 열을 가해도 맛이 잘 변하지 않는 특성이 있다. 그래서 볶음이나 찜처럼 음식에 열을 가해야 하는 경우에 진간장을 쓰는 것이 좋다.

- **맛간장** 맛간장은 파, 양파, 마늘, 다시마, 사과, 배 등 10가지 갖은 양념과 과일을 달여 요리의 풍미를 살려주는 조림 · 볶음용 간장이다.

- **저염간장** 저염간장은 기존 간장보다 염도는 25% 정도 낮추고, 현대인들에게 부족하기 쉬운 미네랄을 보충한 웰빙간장이다. 염도를 낮춰 자극적이지 않고 맛이 부드러워 염도조절이 필요한 식단에 좋으며 일반간장과 동일한 양으로 사용하면 된다.

된장

- **재래식 된장** 콩으로 빚은 메주를 띄워 오랫동안 숙성, 발효시킨 것으로 특유의 구수함과 담백한 맛이 특징이며 찌개, 국, 부침 등에 사용한다.

- **쌈장** 된장에 고춧가루, 고추장, 다진 파, 다진 마늘, 매실청 등 갖은 양념을 하여 만든 장이다. 멸치가루나 새우가루를 넣어 양념하여도 좋다. 채소쌈이나 생선회에 곁들여도 좋다.

고추장

- **고추장** 고운 고춧가루에 끓인 찹쌀풀과 엿기름물, 메주가루, 천일염을 넣고 잘 혼합하여 숙성, 발효시킨 장이다. 찌개나 비빔장, 무침 등에 사용한다.
- **청양고추장** 청양고춧가루로 담근 고추장으로 매콤하고 칼칼한 맛이 특징이다. 매콤한 해물찜이나 매운탕과 볶음 등의 매운 요리에 사용한다.

기름

- **참기름** 참깨를 볶아 짜서 만든 기름으로써 진유라고도 한다. 고소한 맛이 나며 강한 향 때문에 소량만 넣어도 음식의 풍미가 살아난다. 무침, 조림, 찜 등에 사용한다.
- **들기름** 들깨를 볶아 짜서 만든 기름으로 불포화 지방산이 풍부하여 공기 중에 산화되기 쉽기 때문에 냉장 보관하는 것이 좋다. 무침, 조림, 소스 등에 사용한다.
- **산초기름** 산초열매를 볶아 짜서 만든 기름으로 특유의 초록빛을 띠며 향이 매우 강하고 약간의 매운맛이 특징이다. 추어탕이나 생선회의 비린 맛을 없애주고 두부부침, 볶음요리에 사용하기도 한다.
- **땅콩기름** 알이 작은 땅콩을 볶아 짜서 만든 기름으로 고소하며 독특한 풍미가 있으며 비타민 E가 풍부해 노화방지에 효과적이다. 샐러드드레싱이나 튀김, 조림, 볶음에 사용한다.
- **호박씨기름** 호박씨를 볶아 짜서 만든 기름으로 호박씨기름에는 마그네슘, 칼슘, 철분, 비타민B 등이 풍부하다. 샐러드드레싱이나 생선요리, 조림, 볶음에 사용한다.

식초

- **감식초** 감을 숙성시켜 만든 식초, 우유에 타먹거나 샐러드드레싱, 겉절이 등의 무침요리에 넣어 사용하기 적합하며 상하기 쉬우므로 냉장 보관한다.
- **2배식초** 2배식초는 산도가 13~14%로 신맛이 일반식초의 2배 정도 강한 식초이다. 새콤한 맛이 강해야 하는 요리에 주로 사용한다.
- **현미식초** 현미를 주재료로 만든 식초. 어느 요리에나 다양하게 쓰이며 장아찌 등 절임요리에 적합하다.
- **사과식초** 사과과즙으로 사과주를 만들어 초산 발효시킨 식초이다. 모든 요리에 쓸 수 있지만 사과향이 있기 때문에 채소요리 및 샐러드드레싱, 상큼한 무침요리에 잘 어울린다.

고춧가루

- **고운 고춧가루** 고추장, 양념장, 물김치, 국·찌개류 등 고운 색을 내야 할 때 주로 사용한다.
- **굵은 고춧가루** 김치를 담글 때나 양념장 등에 사용한다.
- **청양고춧가루** 매운 고춧가루로써 김치, 양념장, 국·찌개류 등에 사용한다.
- **중간 굵기 고춧가루** 김치와 깍두기, 반찬, 국·찌개류 등 다양하게 사용한다.

03 두루두루 쓰이는 양념장 만들기

정말 두루두루 쓰일 수 있는 만능 양념장을 소개할게요. 시간 날 때 만들어놓으면 요리할 때 정말 편하답니다. 요리 맛이 한 층 풍부해지는 건 당연하고요!

맛간장

진간장 500cc(2½컵), 올리고당 ½컵, 무 ½토막 = 100g, 양파 ½개 = 100g, 마늘 15쪽, 통생강 5g, 통후추 10알, 물 1컵

만드는 법 냄비에 재료를 모두 넣은 다음 끓어오르면 중간 불에서 10분, 약한 불에서 10분 정도 끓인 후 식혀 면포에 걸러 밀폐용기에 담아 냉장 보관하여 사용한다.
보관법 냉장 보관 시 2달 이상 사용 가능하다.
용도 볶음, 조림, 찜, 무침 등에 사용한다.

다시마간장

양조간장 500cc, 물 100cc, 다시마(가로 10cm×세로 20cm) 1장

만드는 법 양조간장에 물을 붓고 중간 불에서 끓어오르면 약한 불로 낮춘 뒤 깨끗이 닦은 다시마를 넣고 10분 정도 둔 후 불을 끄고 간장물이 식으면 면포에 거른 후 밀폐용기에 담아 냉장 보관하여 사용한다.
보관법 냉장 보관 시 2달 이상 사용 가능하다.
용도 국, 볶음, 조림, 장아찌 등에 사용한다.

고추장

고추장 1컵, 올리고당 2큰술, 매실청 1큰술, 고운 고춧가루 1컵, 마늘즙 3큰술, 양파즙 ½컵, 쇠고기 육수 1컵

만드는 법 재료를 모두 혼합하여 오목한 팬에 넣어 중간 불에서 나무 주걱으로 저어가며 기포가 생기면 약한 불에서 수분이 스며들어 윤기가 날 정도로 약 10분간 저어 준 후 불을 끈다. 식으면 밀폐용기에 담아 냉장 보관하여 사용한다.

보관법 냉장 보관 시 2달 이상 사용 가능하다.

용도 찌개, 무침, 볶음, 조림 등에 사용한다.

된장

재래식 된장 1컵, 고운 고춧가루 1큰술, 마늘즙 3큰술, 청양고추즙 ½컵, 다시마물 1컵, 양파즙 2큰술

만드는 법 재료를 모두 혼합하여 오목한 팬에 넣어 중간 불에서 나무 주걱으로 저어가며 기포가 생기면 약한 불에서 수분이 스며들어 윤기가 날 정도로 약 20분간 저어 불을 끈다. 식으면 밀폐용기에 담아 냉장 보관하여 사용한다.

보관법 냉장 보관 시 2달 이상 사용 가능하다.

용도 강된장, 찌개, 무침, 국 등에 사용한다.

쌈장

재래식 된장 ½컵, 고춧가루 2작은술, 고추장 1큰술, 다진 마늘 1큰술, 다진 청양고추 1큰술, 다진 파 1큰술, 다시마물 3큰술, 매실청 1큰술, 다진 견과류 1큰술

만드는 법 재료를 모두 혼합하여 밀폐용기에 담아 냉장 보관하여 사용한다.

보관법 냉장 보관 시 7~10일 정도 사용 가능하다.

용도 고기, 쌈, 채소 등에 곁들여 사용한다.

겨자잣소스

잣가루 3큰술, 배즙 2큰술, 연겨자 2작은술,
매실청 2큰술, 참기름 1큰술,
소금 ½작은술, 백후춧가루 ⅛작은술

만드는 법 잣을 곱게 갈아준 후 모든 재료들이 잘 섞이도록 저어준다.

보관법 3일 정도 냉장 보관할 수 있다.

용도 육류요리나 냉채요리에 곁들이면 더욱 풍미를 느낄 수 있다.

주의사항 연겨자가 뭉칠 수 있으니 잘 저어 풀어주어야 한다.

약고추장

고추장 300g, 다진쇠고기 70g
(간장 1큰술, 설탕 1큰술, 후추 ⅛작은술),
물 1컵, 참기름 1작은술, 꿀 3큰술, 잣 1큰술

만드는 법 다짐육은 양념하여 팬에 넣어 중간 불에서 볶다가 고추장과 물을 넣고 어우러지도록 볶는다. 수분이 스며들고 기포가 전체에 골고루 생기면 참기름과 꿀, 잣을 넣고 윤기가 나면 불을 끈다.

보관법 밀폐용기에 담아 냉장 보관하며 한 달 정도 보관 가능하다.

용도 비빔밥, 볶음요리, 쌈 등에 사용한다.

주의사항 고기를 먼저 볶은 다음 나머지 양념을 넣어준다.

매실청

황청매실 3kg, 황설탕 3kg, 소금 1큰술

만드는 법 1 황청매실은 깨끗이 씻어 물기를 뺀 다음 수분을 완전히 말리고,
2 볼에 매실과 동량의 설탕을 넣고 골고루 섞어 하루 정도 재워 설탕이 녹으면 병에 담고 윗부분에 공기가 통하지 않도록 밀봉하고,
3 약 100일이 지난 후 매실을 건져 체에 거른 다음 청만 병에 넣고 밀봉하여 1년 정도 둔 후 사용한다.

보관법 유리병이나 페트병에 담아 냉장보관하여 사용한다. 장기보관이 가능하다.

용도 무침요리나 찜요리, 샐러드소스에 설탕 대신 매실청을 사용하면 맛이 한층 깔끔해진다. 장아찌나 김치에 넣어 사용하기도 한다.

주의사항 청매실은 꼭지 부분을 깨끗하게 손질하여야 한다.

고추기름

마른 고추 10g(약 5개 정도), 대파 10cm, 생강 10g, 식용유 500ml

만드는 법 식용유를 팬에 붓고 중간 불에서 따뜻하게 데운 다음 대파와 생강, 반으로 자른 마른 고추를 넣고 약한 불에서 5분 정도 둔 다음 불을 끄고 1시간 정도 후에 면포에 걸러준다.
보관법 유리병에 담아 뚜껑을 닫고 냉장 보관하여 사용한다.
용도 육개장이나 매콤한 볶음요리, 중국식 탕류에 어울린다.
주의사항 마른 고추나 기타 향신재료가 타지 않도록 온도조절에 유의한다.

양파청

양파 5kg(20개 정도), 황설탕 5kg, 소금(천일염) ½컵

만드는 법 **1** 양파는 껍질 벗겨 깨끗이 씻어 표면의 물기를 완전히 닦아 반으로 자르고, 굵게 썰어 하루 정도 두고,
2 황설탕 5kg과 소금을 양파에 넣고 잘 섞어준 다음 하루 정도 둔 후 설탕이 녹으면 소독한 병에 담고 남은 설탕을 위에 올려 완전히 밀봉하고,
3 100일이 지나 건더기는 건진 후 체에 받쳐 원액만 병에 담아 밀봉하여 1년 정도 지난 후부터 먹는다.
보관법 밀폐용기에 담아 냉장 보관한다.
용도 고기 양념장, 소스, 조림 등에 사용한다.
주의사항 양파의 겉 표면의 물기를 완전히 없애주어야 한다.
tip 거르고 남은 양파 건더기는 양파잼을 만들어도 좋다.

04 요리가 쉬워지는 간단 즙 만들기

맛을 한층 업그레이드해주는 즙을 만들어보세요. 재료 그대로의 즙이니 건강에도 좋겠죠? 만들기도 간단하면서 설탕이나 조미료는 덜 쓸 수 있답니다.

생강즙

생강 100g, 물 1컵

만드는 법 손질한 생강에 물을 넣고 블렌더로 곱게 갈아 면포에 꼭 짜서 즙만 사용한다.
보관법 2주 이내는 냉장, 그 이상은 냉동 보관한다.
용도 육류나 가금류의 밑간에 사용한다.
주의사항 사용 시 생강이 가라앉기 때문에 흔들어서 사용하도록 한다.

tip 즙을 짜고 남은 생강은 버리지 말고 육수 낼 때나 잡냄새를 제거할 때 사용해도 좋다.

마늘즙

마늘 200g, 물 1컵

만드는 법 꼭지를 제거한 마늘에 물을 넣고 블렌더로 곱게 갈아준 다음 면포에 꼭 짜서 즙만 사용한다.
보관법 2주 이내는 냉장, 그 이상은 냉동 보관한다.
용도 육류나 가금류요리의 밑간에 사용하면 좋다. 육류요리, 생선조림, 소스용으로 적합하다.

tip 즙을 짜고 남은 마늘은 버리지 말고 육수 낼 때나 잡냄새를 제거할 때 사용해도 좋다.

양파즙

양파 1개 = 200g

만드는 법 양파를 블렌더로 곱게 간다.
보관법 2주 이내는 냉장, 그 이상은 냉동 보관한다.
용도 샐러드드레싱, 육류요리, 조림, 김치 등에 사용한다.

파인애플즙

파인애플 200g

만드는 법 파인애플을 블렌더로 곱게 간다.
보관법 2주 이내는 냉장, 그 이상은 냉동 보관한다.
용도 샐러드 소스나 육류요리, 냉채요리에 사용한다.

배즙

배 200g

만드는 법 배는 껍질을 벗기고 씨 부분을 도려내어 블렌더로 곱게 간다.
보관법 2주 이내는 냉장, 그 이상은 냉동 보관한다.
용도 샐러드 소스나 육류요리, 김치 등에 사용한다.

05 요리가 맛있어지는 간단 육수 만들기

국물요리의 핵심은 바로 육수에 있어요. 저만의 비법육수 네 가지를 소개할 테니 각각의 재료와 어울리는 육수를 만들어 넣어 보세요. 한결 깊은 맛을 느낄 수 있답니다.

황태육수

황태머리 100g, 대파 10cm, 마늘 5쪽, 무 ½개=100g, 물 3리터

1 황태머리는 흐르는 물에 재빨리 씻어준다.
2 물 3리터에 무와 대파, 통마늘을 넣어 중간 불에서 20분 정도 끓이고 황태머리를 넣어 중간 불에서 5분, 약한 불에서 5분 정도 더 끓인다.
3 체로 건더기를 걷어 식히고 면포에 걸러준다.

조개육수

조개 400g, 물 3리터

1 조개는 옅은 소금물(물 1리터, 소금 1작은술)에 담가 30분 정도 해감한 뒤 깨끗이 씻는다.
2 냄비에 물과 조개를 넣고 조개가 입을 벌릴 때까지 끓인다.
3 불을 끄고 식혀 면포에 걸러준다.

멸치다시마육수

국물용 멸치 50g, 다시마 20g, 무 ½토막 = 100g, 대파 뿌리째 1대, 물 3리터

1. 멸치의 내장을 제거하고 다시마와 함께 마른 수건으로 깨끗이 닦는다.
2. 달군 팬에 멸치를 노릇노릇하게 볶는다.
3. 물 3리터에 무를 넣어 센 불에서 20분 정도 끓이다가 볶아놓은 멸치를 넣어 중간 불에서 10분 정도 끓여준다.
4. 10분이 지나면 멸치와 무는 건져내고 다시마를 넣어 1시간 정도 둔 후 면포에 걸러준다.

양지육수

쇠고기(양지 혹은 아롱사태) 600g, 물 5리터, 향신재료(대파 뿌리째 1대, 양파 200g, 무 ½토막=100g, 마늘 5쪽, 생강 10g, 국간장 ½컵)

1. 쇠고기는 찬물에 10분 정도 두어 핏물을 제거한다.
2. 냄비에 핏물을 뺀 쇠고기와 잠길 정도의 물을 붓고, 센 불에서 물이 끓으면 불을 끈 후 고기를 건져 찬물에 깨끗이 씻어준다.
3. 물 3리터와 2의 쇠고기, 무, 대파, 양파, 마늘, 생강을 넣고 중간 불에서 30분 정도 끓이다가 쇠고기만 남기고 부재료는 체로 건져낸다.
4. 물 2리터를 더 붓고 중간 불에서 30분, 국간장 ½컵을 넣고 약한 불에서 20분 정도 끓여 쇠고기는 건져내고 국물을 식힌 후 면포에 걸러준다.

PART 2
Everyday
즐겨 먹는 채소

2014년 월드컵 참가국들 중 한국이 채소를 가장 많이 먹는 나라로 꼽혔어요. 그만큼 채소는 한국인의 밥상에 빠질 수 없는 중요한 식재료지요. 한 가지 재료를 여러 가지 방식으로 조리하는 한국 음식을 전 세계가 주목하고 있고, 특히 다양한 채소 요리에 대한 관심은 더욱 커져가고 있어요. 이에 발맞춰 전통 채소 음식 조리법과 이를 응용한 레시피 개발은 요리 연구가의 몫이라고 생각합니다. 채소 파트에는 간단히 만들 수 있는 요리부터 고심을 거듭해 완성한 비법 요리까지 모두 담겨 있답니다.

시어머니의
손맛 그대로
배추김치

스물넷 부산 토박이 아가씨가 서울로 시집와 시어머니께 처음 배운 요리는 바로 '배추김치'였어요. 처음엔 짜고 매운 부산 김치에 비해 서울식 김치는 심심하게 느껴졌어요. 하지만 30년간 서울 김치를 만들다 보니 어느새 양쪽 지방 특유의 맛을 조화롭게 버무린 김치 레시피까지 개발하게 됐지요. 부산식 매콤한 양념과 서울식 담백한 양념이 한데 어우러진 저만의 김치 레시피를 소개할게요.

READY (4인분)

필수 재료 • 배추(2포기=4kg), 굵은 소금(5컵), 무(450g), 쪽파(5대), 미나리(2줌)
→ 배추는 씹었을 때 당도가 높고 무게감이 살짝 느껴지는 게 좋아요.

소금물 • 굵은 소금(1컵), 물(5ℓ)

김치소 • 굵은 고춧가루(1컵)+고운 고춧가루(1컵)+소금(2큰술)+다시마물(½컵)+황태육수(½컵)+배즙(½컵)+양파즙(½컵)+멸치액젓(½컵)+새우젓(½컵)+다진 마늘(8큰술)+다진 생강(1큰술)+매실청(4큰술)
→ 황태육수 만드는 법은 22p를 참고하세요.

HOW TO MAKE

1. 배추는 깨끗이 손질해 세로로 2등분 하고,

2. 배추를 소금물에 한 번 담갔다 건진 후 굵은 소금을 배추 줄기 사이에 한 켜씩 뿌리고, 다시 소금물에 넣어 무거운 것을 올려 절이고,
→ 여름에는 4~5시간 겨울에는 10시간 정도 절이고, 중간에 한 번 뒤집어서 절이는 것이 좋아요.

3. 절인 배추는 흐르는 물에 줄기 사이사이를 깨끗이 씻어 체에 밭쳐 물기를 빼고,
→ 물기를 완전히 빼야 김치에 물이 생기지 않아요.

4. 김치소를 만들고,
→ 덩어리지지 않도록 잘 섞어 주세요.

5. 무는 곱게 채 썰고, 쪽파와 미나리는 먹기 좋은 길이로 썰고,

6. 김치소에 무채와 미나리, 쪽파를 넣어 살살 버무려 30분 정도 두고, 배추에 김치소를 사이사이 고르게 펴 바른 뒤 겉잎으로 여미듯 잘 감싸 밀폐용기에 켜켜이 담아 마무리.
→ 배추 틈 사이로 공기가 새 나가지 않도록 꼭꼭 눌러 용기에 담으세요.

tip

가을에 먹는 방법

가을철에 생새우를 넣으면 김치가 더 달고 시원해져요.

무더운 여름 입맛
사로잡는

얼갈이
배추
감자
물김치

여름철 더운 날씨에 기력을 잃는 사람들이 많아요. 요리할 의욕도, 입맛도 없어 한 끼 대충 때우기 십상이지요. 이런 때 깔끔하게 담은 물김치 하나면 달아난 입맛을 돌아오게 할 수 있답니다. 풀을 쑬 때 밀가루나 찹쌀풀을 최대한 엷게 쒀서 넣고, 포실하게 잘 삶은 감자를 으깨 넣어 구수한 국물맛을 살려주세요. 풋풋한 고추의 향과 담백하고 시원한 그 맛에 반해 매년 여름 물김치를 담그게 될 거예요.

READY (4인분)

필수 재료 • 얼갈이배추(1.5kg), 굵은 소금(½컵), 붉은고추(5개), 청양고추(10개), 쪽파(10대)

감자국물 • 감자(300g), 다시마물(15컵)

김치양념 • 소금(1큰술)+고운 고춧가루(4큰술)+마늘즙(5큰술)+양파즙(5큰술)+생강즙(2작은술)+새우젓국물(3큰술)+멸치액젓(½컵)+ 매실청(5큰술)

HOW TO MAKE

1

얼갈이배추는 굵은 소금(½컵)을 뿌려 2시간 정도 절인 뒤 깨끗이 씻어 체에 받쳐 물기를 빼고, 깨끗이 다듬어 먹기 좋은 길이로 썰고,

2

감자를 삶아 블렌더에 다시마물과 함께 넣고 갈아 면포에 감자국물을 따로 걸러내고,
→ 감자 대신 밀가루나 찹쌀풀을 얇게 쑤어 넣어 국물맛을 내도 좋아요.

3

붉은고추와 청양고추는 어슷 썰고, 쪽파는 먹기 좋은 길이로 썰고,

4

김치양념을 만들고,
→ 싱거우면 기호에 따라 소금을 더 넣어 간하세요.
→ 담백한 맛을 즐기려면 고운 고춧가루를 빼도 좋아요.

5

김치양념에 감자국물을 넣어 김치육수를 만들고,

6

얼갈이배추를 밀폐용기에 켜켜이 담고 김치육수를 붓고 붉은고추, 청양고추, 쪽파를 곁들여 마무리.
→ 상온에서 하루 정도 둔 뒤 냉장 보관 하세요.

tip

밀가루풀 만드는 법

물 2ℓ에 밀가루 ½컵을 넣고 풀어준 다음 기포가 생길 때까지 저어가며 끓여요. 김치양념에 넣을 때는 밀가루풀을 충분히 식혀서 부어야 해요. 찹쌀풀도 밀가루풀과 마찬가지로 만들면 돼요.

아삭아삭 씹히는
시원한

백김치

외국인들은 '김치'하면 으레 빨간 배추김치만 떠올리지요. 그래서 백김치를 소개했더니 이렇게 맵지 않고 맛있는 김치가 있었냐며 놀라더군요. 다양한 소를 꼭꼭 채워 만든 백김치는 시원하고 깨끗한 맛이 일품이지요. 매운 음식 잘 못 먹는 아이들에게도 안성맞춤이랍니다.

READY (4인분)

필수 재료 · 배추(2포기=4kg), 굵은 소금(5컵), 붉은고추(4개), 배($\frac{1}{2}$개), 무(300g), 쪽파(5대), 미나리(2줌), 밤(10알), 대추(10알), 잣(1큰술)
소금물 · 굵은 소금(1컵), 물(5ℓ)
백김치양념 · 배즙($\frac{1}{2}$컵)+마늘즙(4큰술)+양파즙(4큰술)+생강즙(1큰술)+새우젓국물(3큰술)+멸치액젓(4큰술)
백김치국물 · 소금(2큰술)+다시마물(3컵)+배즙($\frac{1}{2}$컵)+매실청(4큰술)

HOW TO MAKE

1

배추는 깨끗이 손질해 세로로 2등분하고,

2

소금물에 배추 잎 사이사이 물이 들어가도록 한 번 담갔다 건진 후 굵은 소금(5컵)을 배추 줄기 사이에 한 켜씩 뿌리고, 다시 소금물에 넣어 무거운 것을 올려 절인 뒤 깨끗이 씻고,
→ 배추는 5시간 절인 후 뒤집어 5시간 정도 더 절여주세요.

3

붉은고추, 배, 무는 채 썰고, 쪽파와 미나리는 먹기 좋은 길이로 썰고,

4

밤은 껍질을 벗겨 모양대로 얇게 썰고, 대추는 껍질째 돌려 깎아 씨를 빼 곱게 채 썰고, 잣은 마른 행주로 깨끗이 닦아두고,

5

백김치양념을 만든 뒤 손질한 재료를 넣어 한 번 더 가볍게 버무리고,

6

물기를 뺀 배추 사이사이에 백김치양념을 켜켜이 채우고, 백김치국물을 만들어 골고루 부어 마무리.
→ 냉장 보관해 일주일 정도 숙성시켜 먹어요.

달큼한
배춧잎이 듬뿍
배추 속대국

속이 노란 빛깔의 배추를 사면 습관적으로 배춧잎을 한 장 뜯어 맛을 본답니다. 아삭아삭 씹는 재미도 있고, 재료 본연의 달콤함이 마음까지 건강하게 만들어주는 기분이 들거든요. 배추요리는 수도 없이 많지만, 특히 국물요리와 잘 어울려요. 구수한 된장을 국물에 부드럽게 풀어 듬성듬성 썰어둔 배추를 양껏 넣고, 참기름에 볶아 고소하게 맛을 낸 후 쇠고기와 끓여내면 보기만 해도 군침이 도는 배추속대국이 완성돼요.

READY (4인분)

필수 재료 • 배추속대(200g), 무(100g), 다진 쇠고기(100g), 양지육수(1ℓ)
→ 양지육수 만드는 법은 23p를 참고하세요.

선택 재료 • 대파(3cm)

양념장 • 고춧가루(2작은술)+다진 마늘(2작은술)+재래식 된장(3큰술)+참기름(1큰술)

양념 • 참기름(1큰술)

HOW TO MAKE

1. 배추속대는 어슷 썬 뒤 깨끗이 씻어 체에 밭쳐 물기를 빼고,

2. 무는 곱게 채 썰고, 대파는 모양대로 송송 썰고,

3. 양념장을 만들고,

4. 냄비에 참기름(1큰술)을 둘러 중간 불로 쇠고기를 살짝 볶고,

5. 양지육수(3컵)를 붓고 끓으면 무와 배추속대를 넣어 한 번 더 끓이고,

6. 양념장과 나머지 양지육수(2컵)를 넣어 중간 불에서 15분 정도 푹 끓인 뒤 송송 썬 대파를 넣어 마무리.

새콤달콤 콩나물의 무한 변신
콩나물 냉채

콩나물은 양념에 살짝 버무려도 맛있고, 국에 넣어 먹어도 다른 재료들과 잘 어우러지는 재료랍니다. 콩나물무침이 조금 지루하다면 새콤한 냉채를 만들어 보세요. 쫄깃한 식감과 담백한 맛이 좋은 게맛살을 결대로 찢어 코끝이 찡해지는 겨자소스와 버무리면 자꾸만 먹게 되는 별미 반찬이 됩니다.

READY (4인분)

- **필수 재료** · 콩나물(2줌=200g), 소금(1작은술), 배(¼개), 땅콩(50g), 게맛살(50g)
- **겨자소스** · 배즙(3큰술)+레몬즙(2큰술)+파인애플즙(1큰술)+연겨자(2작은술)+꿀(2작은술)+소금(0.5작은술)

HOW TO MAKE

1
콩나물은 머리와 꼬리를 떼어내고 깨끗이 씻어 끓는 물에 소금을 넣고 재빨리 데쳐 찬물에 헹궈 체에 받쳐 물기를 빼고,
→ 아삭한 식감을 살리도록 살짝만 데쳐주세요

2
배는 곱게 채 썰고, 땅콩은 반으로 자르고, 게맛살은 결대로 찢고,

3
겨자소스를 만들고,

4
콩나물, 게맛살, 배에 겨자소스를 넣어 살살 버무린 후 땅콩을 곁들여 마무리.

대한민국 대표 반찬
콩나물 무침

반찬 없는 날 혹은 반찬하기 귀찮은 날 쉽고 간편하게 만들 수 있어요. 콩나물을 데쳐 갖은 양념으로 버무리면 건강한 밥반찬이 되지요. 냄비 뚜껑을 처음부터 끝까지 연 상태로 콩나물을 데쳐야 비린내가 잘 제거된답니다.

READY (4인분)

필수 재료 • 콩나물(3줌=300g), 소금(1작은술)

양념 • 볶은 소금(1작은술)+다진 파(1작은술)+다진 마늘(1작은술)+참기름(1큰술)+부순 참깨(1큰술)

HOW TO MAKE

1

콩나물은 깨끗이 씻고,

2

끓는 물에 소금을 넣어 콩나물을 재빨리 데치고, 찬물에 씻은 뒤 체에 밭쳐 물기를 빼고,

3

콩나물에 양념을 넣어 골고루 버무려 마무리.

아삭아삭하게 씹히는
별미 잡채

콩나물 잡채

평소 잡채가 너무 느끼해 싫어하셨던 분들을 위한 담백한 잡채를 소개해요. 전라도식 콩나물 잡채를 응용해 만든 요리인데, 당면의 양은 적고 콩나물이 많이 들어가 아삭한 식감이 재미나답니다. 함께 곁들인 부재료들과 콩나물이 맛의 조화를 이루어 어느 상 차림에서나 빛을 발하는 메뉴이지요.

READY (4인분)

필수 재료 • 콩나물(2줌=200g), 소금(1작은술), 표고버섯(2개), 새송이버섯(50g), 당근($\frac{1}{2}$개), 부추(40g), 당면(1줌=30g)
양념장 • 간장(1작은술)+올리고당(2작은술)
양념 • 참기름(1큰술), 후춧가루(0.5작은술), 통깨(1큰술)

HOW TO MAKE

1

꼬리를 뗀 콩나물은 깨끗이 씻어 끓는 물에 소금을 넣어 재빨리 데친 뒤 찬물에 헹궈 체에 받쳐 물기를 빼고,

2

표고버섯, 새송이버섯은 곱게 채 썰고,

3

당근은 곱게 채 썰고, 부추는 깨끗이 씻어 물기를 뺀 뒤 먹기 좋은 길이로 썰고,

4

팬에 식용유(1큰술)를 두르고 콩나물, 표고버섯, 새송이버섯, 당근, 부추를 중간 불로 재빨리 볶아 건져내고,

5

팬에 물(5큰술)과 양념장을 넣고 중간 불에서 끓어오르면 데친 당면을 넣어 양념장이 스며들 때까지 볶고,
→ 당면은 끓는 물에 넣어 5분 정도 데친 후 건져내 물기를 빼 준비하세요.

6

볶은 재료를 넣은 뒤 참기름, 후춧가루, 통깨를 곁들여 가볍게 한 번 더 볶아 마무리.

화끈한 국물 맛에
속이 확 풀리는

콩나물
김칫국

전날 과음한 탓에 속풀이가 필요할 때, 땀을 쭉 빼며 먹을 국물요리가 간절한 순간이라면 김치 한 포기 꺼내 콩나물 김칫국을 끓여 보세요. 칼칼한 김치와 씹을수록 아삭한 콩나물이 어우러진 시원한 국물요리가 완성된답니다.

READY (4인분)

필수 재료 • 신김치(2컵=360g), 콩나물(2줌=200g), 멸치다시마육수(8컵)
→ 멸치다시마육수 만드는 법은 23p를 참고하세요.

선택 재료 • 대파(5cm)

양념 • 참기름(2큰술), 고춧가루(1큰술), 다진 마늘(1큰술)

HOW TO MAKE

1. 대파는 모양대로 송송 썰고, 신김치는 가볍게 속을 털어 도톰하게 채 썰고,

2. 콩나물은 깨끗이 씻어 체에 밭쳐 물기를 빼고,

3. 냄비에 참기름을 두르고 신김치를 중간 불로 가볍게 1분 정도 볶고,

4. 볶은 김치에 멸치다시마육수를 부어 10분 정도 더 끓이고,
→ 좀더 진한 국물 맛을 내고 싶다면 김치국물을 조금씩 나누어 넣어요.

5. 콩나물과 고춧가루, 다진 마늘을 넣어 20분 정도 더 끓인 뒤 송송 썬 대파를 넣어 마무리.
→ 조금 더 칼칼한 맛을 원한다면 청양고추를 송송 썰어 넣어요.

아침에 먹기 좋은 든든한 국물요리

시금치 된장국

집에서 자주 끓이는 국이에요. 조갯살이 들어가 구수하면서도 달큰하고 시원한 맛이 일품이지요. 아침 일찍 집을 나서는 남편과 아이들을 위해 윤기 흐르는 밥과 잘 익은 김치, 그리고 시금치된장국을 식탁에 올려보세요.

READY (4인분)

필수 재료 · 시금치(1단), 조갯살(100g), 멸치다시마육수(6컵)
→ 멸치다시마육수 만드는 법은 23p를 참고하세요.

양념장 · 고춧가루(2작은술)+ 다진 마늘(2작은술)+ 다진 파(1큰술)+된장(3큰술)

HOW TO MAKE

1

시금치는 뿌리 부분을 다듬어 찬물에 깨끗이 씻은 뒤 가닥가닥 떼어 놓고,

2

조갯살은 깨끗이 씻어 체에 밭쳐 물기를 빼고,

3

양념장을 만들고,

4

냄비에 다시마육수와 양념장을 넣고 센 불에서 끓어오르면 시금치와 조갯살을 넣어 중간 불에서 10분 정도 더 끓여 마무리.

소문난 요리 | 즐겨 먹는 채소

봄의 향긋함이 물씬
시금치무침

파릇파릇한 새싹이 돋아나는 봄철, 제철을 만나 푸릇함을 자랑하는 시금치로 간단한 무침요리를 해 보세요. 봄에는 지천에 다양한 나물들이 돋아나지요. 어떤 나물이든 무칠 때 꼭 지켜야 할 점이 있어요. 재료를 '살짝만' 데쳐 아삭함을 살려야 한다는 것! 시금치 역시 끓는 소금물에 살짝 데쳐 맛과 영양, 선명한 초록색까지 지켜 주세요.

READY (4인분)

필수 재료 · 시금치(1단), 소금(1작은술)
선택 재료 · 통깨(1큰술)
양념 · 다진 마늘(2작은술), 다진 파(1작은술), 참기름(1큰술), 소금(1작은술)

HOW TO MAKE

1 시금치는 뿌리 부분을 다듬어 찬물에 깨끗이 씻고,

2 끓는 물에 소금을 넣고 시금치를 재빨리 데쳐 찬물에 2번 정도 씻은 뒤 물기를 살짝 짜고,

3 시금치에 양념을 넣어 골고루 버무리고 통깨를 뿌려 마무리.

이태리요리
부럽지 않은

시금치 바지락 볶음

보기만 해도 건강함이 넘쳐나는 시금치에 쫄깃한 바지락을 더했어요. 이 두 재료로 된장국을 끓여도 맛있지만 볶음으로 더 새롭게 즐겨보세요. 마늘을 달달 볶아 매운 향을 낸 뒤 시금치와 바지락을 넣어 한 번 더 가볍게 볶기만 하면 된답니다. 여기에 채 썬 붉은 고추를 올리면 색감도 풍미도 배가 됩니다.

READY (4인분)

필수 재료 • 바지락(1컵=200g), 시금치(1단), 마늘(10쪽)
선택 재료 • 붉은고추(2개), 통깨(1큰술)
소금물 • 소금(1큰술), 물(2컵)
양념 • 맛술(2큰술), 다시마물(4큰술), 소금(2작은술), 후춧가루(0.5작은술)

HOW TO MAKE

1

바지락은 소금물에 30분 정도 담가 해감하고,
→ 해감은 어두운 곳에서 하면 좋아요.

2

해감한 바지락은 깨끗이 씻어 체에 밭쳐 물기를 빼고,

3

시금치는 손질해 4등분한 뒤 씻어 체에 밭쳐 물기를 빼고,

4

마늘은 얇게 썰고, 붉은고추는 곱게 채 썰고,

5

달군 팬에 식용유(1큰술)를 두르고 센 불로 마늘과 바지락을 1분 정도 볶고,

6

바지락의 입이 벌어지면 시금치와 양념을 넣어 볶고 채 썬 붉은고추를 넣고 통깨를 뿌려 마무리.

쫄깃한 버섯을 듬뿍 넣어 만든
새송이버섯 미역국

보통 미역국에는 쇠고기를 넣어 먹는데요. 이번엔 버섯을 넣어 끓여 보세요. 쫄깃하고 담백한 새송이버섯이 부드러운 미역국과 어우러져 환상의 맛을 냅니다. 느끼하지 않고, 쫄깃한 식감의 새송이버섯을 듬뿍 넣어 깔끔하고 담백한 국물 맛을 즐겨 보세요.

READY (4인분)

필수 재료 · 불린 미역(200g), 새송이버섯(2개), 다시마물(8컵)
→ 마른 미역의 경우 30g 정도를 물에 불려 준비하세요.

양념 · 참기름(1큰술), 국간장(3큰술), 다진 마늘(2작은술)

HOW TO MAKE

1 새송이버섯은 반달 썰고,
→ 남은 새송이버섯은 씻지 않고 비닐봉지에 밀봉하여 김치냉장고에 넣어두면 일주일 정도는 신선하게 보관할 수 있어요.

2 미역은 먹기 좋은 크기로 썰고,

3 냄비에 참기름을 두르고 센 불로 미역을 볶다가 다시마물과 새송이버섯을 넣고,

4 끓어오르면 국간장, 다진 마늘로 간한 뒤 불을 줄여 중간 불에서 10분 정도 더 끓여 마무리.

소문난 요리 : 즐겨 먹는 채소

가닥가닥 찢어 먹는 재미
느타리버섯전

쫄깃한 식감이 매력적인 느타리버섯으로 만든 고소한 전이에요. 맛깔나게 잘 구워 황금빛을 띠는 느타리버섯전에 레몬즙을 넣어 상큼함이 살아 있는 초간장을 살짝 곁들여 보세요. 한입 베어 물었을 뿐인데도 입 안 가득 버섯의 풍미가 느껴져요. 만드는 방법도 간단해 요리 초보자도 쉽게 만들 수 있으니 꼭 한 번 도전해 보세요.

READY (4인분)

필수 재료 • 느타리버섯(2줌)
반죽 재료 • 물(½컵), 부침가루(½컵)
초간장 • 간장(1큰술)+식초(2작은술)+
　　　　　　레몬즙(1작은술)+매실청(2작은술)

HOW TO MAKE

1
느타리버섯은 가닥가닥 떼어 체에 밭쳐 흐르는 물에 한 번 씻어 물기를 빼고,

2
반죽 재료를 섞어 반죽을 만들고,

3
반죽에 느타리버섯을 넣어 골고루 섞어주고,
→ 매운맛을 내고 싶다면 청양고추를 채 썰어 넣어요.

4
팬에 식용유를 적당량 두르고, 반죽을 한 수저씩 떠 넣어 중간 불로 노릇하게 지져 초간장을 곁들여 마무리.

버섯의 쫄깃함과
향긋함이 입 안 가득

느타리 버섯볶음

향긋한 느타리버섯의 향과 쫄깃한 식감을 살릴 수 있는 밑반찬 요리를 소개해요. 느타리버섯과 기본양념만 넣어 볶았는데도 겉은 쫄깃하고 속은 부드러운 버섯의 다양한 식감을 한 번에 느낄 수 있답니다. 느타리버섯의 식이섬유소는 혈중 콜레스테롤을 낮추는데 효과가 있다고 합니다. 오늘 식탁에 가족의 건강을 위해 느타리버섯 요리 한 번 올려보세요.

READY (4인분)

필수 재료 • 느타리버섯(200g), 풋고추(1개), 소금(1작은술)
양념 • 소금(0.5작은술), 다진 마늘(1작은술), 참기름(1큰술), 통깨(2작은술), 후춧가루(0.2작은술)

HOW TO MAKE

1. 느타리버섯은 가닥가닥 떼어놓고,

2. 끓는 물에 소금을 넣어 느타리버섯을 재빨리 데친 후 찬물에 헹궈 물기를 짜고,
→ 물기를 꼭 짤 경우 느타리버섯이 질겨질 수 있으니 살짝 물기를 짜내 부드러운 버섯의 맛을 즐기세요.

3. 풋고추는 반으로 잘라 씨를 제거한 뒤 곱게 채 썰고,

4. 센 불로 달군 팬에 식용유(2큰술)를 두르고 느타리버섯을 볶고,

5. 양념을 넣어 골고루 섞이도록 한 번 더 볶은 뒤 풋고추를 넣어 마무리.

한 접시 가득 먹어도
부담스럽지 않아요!

버섯 샐러드

항상 새로운 레시피를 개발하고 맛보는 저에게 다이어트는 피할 수 없는 과제예요. 그래서 맛있으면서도 건강하게 체중을 감량할 수 있는 요리에 늘 관심이 많답니다. 버섯샐러드도 그런 고민 끝에 개발했어요. 실제로 버섯샐러드를 양껏 만들어 배부르게 먹어도 칼로리가 워낙 낮아 부담이 없어요. 또한, 쫄깃한 식감 덕분에 먹는 즐거움도 느낄 수 있답니다.

READY (4인분)

필수 재료 • 새송이버섯(½개), 양송이버섯(4개), 느타리버섯(1줌), 어린잎채소(1줌), 방울토마토(4개)

밑간 • 소금(1작은술), 올리브유(2큰술), 백후춧가루(0.5작은술)

참깨소스 • 참깨(3큰술)+레몬즙(3큰술)+배즙(2큰술)+매실청(3큰술)
→ 참깨는 곱게 갈아 준비하세요.

HOW TO MAKE

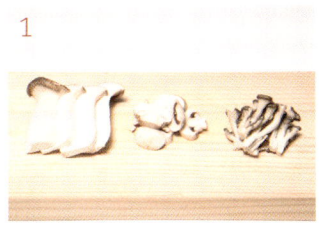

1
새송이버섯과 양송이버섯은 모양대로 썰고, 느타리버섯은 가닥가닥 떼고,

2
손질한 버섯은 밑간하고, 180℃로 예열한 오븐에 5분 정도 굽고,

3
어린잎채소는 흐르는 물에 재빨리 씻은 뒤 채에 밭쳐 물기를 빼고,
→ 어린잎채소는 물에 오래 담가두면 무르기 쉬우므로 흐르는 물에 재빨리 씻어주세요.

4
방울토마토는 꼭지를 떼어내 반으로 자르고,

5
참깨소스를 만들고,

6
구운 버섯과 어린잎채소, 방울토마토를 그릇에 담고 참깨소스를 곁들어 마무리.
→ 참깨소스 외에도 들깨소스, 과일소스, 간장소스 등과 잘 어울린답니다.

노릇노릇 고소한
표고 버섯전

표고버섯전은 궁중에서나 반가에서 고급 전으로 상에 올렸던 귀한 음식 중 하나예요. 먹음직스러운 갈색빛 표고버섯에 달걀물을 묻혀 노릇하게 지져내면 눈과 코 그리고 입으로 동시에 즐길 수 있습니다.

READY (4인분)

필수 재료 • 마른 표고버섯(12개), 다진 쇠고기(50g), 새우살(100g), 양파(20g), 녹말가루(1큰술), 달걀(2개), 부침가루(2큰술)
설탕물 • 설탕(2큰술), 물(2컵)
밑간 • 설탕(1작은술), 간장(1큰술), 맛술(1큰술), 다진 마늘(2작은술), 참기름(1큰술), 후춧가루(0.2작은술), 부순 참깨(1큰술)
초간장 • 설탕(2작은술)+간장(1큰술)+식초(2작은술)+레몬즙(1작은술)

HOW TO MAKE

1

마른 표고버섯은 미지근한 설탕물에 1시간 정도 불려 기둥을 떼고 깨끗이 씻어 물기를 짜고,
→ 설탕이 잘 녹을 수 있도록 따뜻한 물로 설탕물을 만들어 주세요.

2

쇠고기는 키친타월로 핏물을 제거하고, 새우살은 물기를 없앤 뒤 곱게 다지고, 양파는 곱게 다진 뒤 볼에 섞고,

3

다진 재료에 밑간을 한 뒤 여러 번 치대어 소를 만들고,

4

불린 표고버섯의 안쪽에 녹말가루를 살짝 묻힌 후 소를 꼭꼭 눌러 채우고,

5

달걀물을 만들고, 표고버섯에 부침가루
→ 달걀물 순으로 옷을 입히고,

6

초간장을 만들고, 팬에 식용유를 적당량 두른 뒤 중간 불로 표고버섯을 노릇하게 지져 초간장을 곁들여 마무리.

tip

설탕물의 효과

설탕물에 마른 표고버섯을 불리면 좀 더 빨리 불릴 수 있어요. 설탕물이 물보다 침투압이 높기 때문에 물에 불리는 것보다 시간을 절반 정도 단축할 수 있답니다.

기름기 없이
담백한 영양한 그릇

버섯 들깨탕

버섯들깨탕은 버섯을 푸짐하게 넣고 들깨로 고소하게 국물 맛을 낸 영양 가득한 요리예요. 다양한 버섯의 식감과 담백함이 고소한 들깨와 어우러져 한층 더 입맛을 살린답니다. 그리고 말랑말랑한 조랭이떡을 넣어 보세요. 버섯과 함께 조랭이떡을 쏙쏙 골라먹는 재미까지 느낄 수 있어요.

READY (4인분)

필수 재료 • 새송이버섯(2개), 느타리버섯(2줌), 표고버섯(4개), 우엉(1대), 조랭이떡($\frac{1}{2}$컵)
양념 • 들기름(2큰술)
들깻가루양념장 • 들깻가루(1컵)+국간장(2큰술)+다시마물(5컵)+다진 마늘(1큰술)+소금(약간)

HOW TO MAKE

1
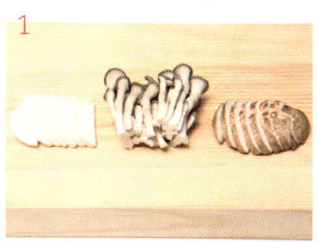
새송이버섯은 반달 썰고, 느타리버섯은
밑동을 제거한 뒤 가닥가닥 떼고,
표고버섯은 도톰하게 모양대로 썰고,

2

우엉은 껍질을 벗기고 얇게 어슷 썰어
연한 식촛물(물1ℓ+식초2큰술)에
1시간 정도 담근 뒤 깨끗이 씻어
체에 밭쳐 물기를 빼고,

3

팬에 들기름(1큰술)을 두르고 우엉을
넣어 중간 불로 노릇하게 볶다가
들기름(1큰술)과 손질한 버섯을 모두
넣어 살짝 더 볶고,

4

들깻가루양념장을 만들고,

냄비에 들깻가루양념장을 넣고 끓이다
조랭이떡을 넣어 한 번 더 끓여 마무리.
→ 싱거울 경우 기호에 따라 소금이나
국간장으로 간하세요.

 tip

국물맛 살리는 법
참나물($\frac{1}{2}$줌)을 줄기만 자르고
잎만 따로 떼어내 준비해두었다가 상에
내기 전 버섯들깨탕에 곁들여보세요.
진한 참나물의 향이 국물맛을 한층
살려줘요.

푸짐하고 다양한
버섯의 향연
버섯전골

푸짐하게 끓여내 여러 사람이 양껏 떠먹어도 부족함이 없는 버섯전골이에요. 푸짐한 버섯은 기본이고 여기에 다진 쇠고기로 동글동글한 완자를 더해 건져먹는 재미까지 있어요. 뿐만 아니라 향긋한 미나리와 달콤한 애호박까지 넣어 끓여 먹으면 깊고 풍부한 맛이 난답니다.

READY (4인분)

필수 재료 • 다진 쇠고기(200g), 녹말가루(1큰술), 애호박(50g), 미나리(2줌=100g), 두부($\frac{1}{2}$모), 표고버섯(4개=100g), 새송이버섯(2개=100g), 느타리버섯(60g), 팽이버섯($\frac{1}{2}$봉=50g), 붉은고추(2개), 대파(20cm), 양지육수(4컵)
→ 양지육수 만드는 법은 23p를 참고하세요.

밑간 • 간장(2큰술), 다진 마늘(1작은술), 참기름(2작은술), 후춧가루(0.5작은술)

양념장 • 소금(0.5작은술)+고운 고춧가루(1큰술)+국간장(2큰술)+다진 마늘(2큰술)

HOW TO MAKE

1. 쇠고기는 키친타월에 올려 핏물을 제거한 뒤 밑간해 한입 크기로 빚고 녹말가루(1큰술)를 뿌린 접시에 굴리고,

2. 애호박은 반달 썰고, 미나리와 두부는 먹기 좋은 크기로 썰고,

3. 표고버섯과 새송이버섯은 모양대로 썰고, 느타리버섯은 가닥가닥 떼고, 팽이버섯은 밑동을 자른 뒤 반 썰고,

4. 붉은고추와 대파는 어슷 썰고,

5. 양념장을 만들고,
→ 매운맛을 즐기고 싶다면 고운 고춧가루 대신 청양고춧가루로 양념장을 만들어 보세요.

6. 냄비에 완자를 제외한 모든 재료를 돌려 담고 양념장을 넣은 뒤 가운데 완자를 담고, 양지육수(4컵)를 부어 중간 불에서 15분 정도 끓여 마무리.

부드러운
국물맛이 일품

버섯국

양지육수로 국물의 깊고 진한 맛을 살리고 쇠고기를 곁들여 단백질 보충까지 책임지는 버섯국이에요. 달걀을 풀어 넣으면 국물이 훨씬 부드러워진답니다. 쫄깃하고 향긋한 느타리버섯도 듬뿍 넣어 바쁜 일상에 지친 가족을 위한 최고의 보양식으로 손색없어요.

READY (4인분)

필수 재료 • 느타리버섯(2줌), 쇠고기(우둔살, 200g), 대파(10cm×2대), 달걀(3개), 양지육수(8컵)
→ 양지육수 만드는 법은 23p를 참고하세요.

선택 재료 • 건다시마(5g)

양념장 • 소금(0.5작은술)+국간장(2큰술)+다진 마늘(1큰술)+다진 파(1큰술)+참기름(1큰술)+백후춧가루(0.2작은술)+통깨(1큰술)

HOW TO MAKE

1

느타리버섯은 가닥가닥 떼어 흐르는 물에 재빨리 씻어 체에 밭쳐 물기를 빼고,

2
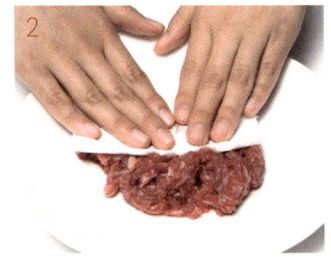
쇠고기는 가늘게 채 썰어 키친타월로 핏물을 제거하고,

3

건다시마는 불린 뒤 깨끗이 씻어 곱게 채 썰고, 대파는 먹기 좋은 길이로 썰어 반으로 자르고,

4

달걀물을 만들고, 손질한 버섯과 쇠고기, 대파를 달걀물에 넣어 잘 섞고,

5

양념장을 만들고,

6

냄비에 양지육수를 붓고 센 불에서 끓어오르면 달걀물을 한 수저씩 떠서 넣은 뒤 양념장을 넣고 5분 정도 더 끓여 손질한 다시마를 얹어 마무리.

오독오독한 목이버섯의
매콤한 변신

목이버섯 고추볶음

중국에는 목이버섯을 이용한 요리가 굉장히 많지요. 저는 목이버섯의 부드럽고 오독오독한 식감을 좋아해 중국 출장이나 여행을 갈 때면 목이버섯 요리를 꼭 맛본답니다. 목이버섯을 좋아하는 분이라면 도전해 보세요. 목이버섯과 잘 어울리는 굴소스를 기본으로 청양고추, 마늘을 넣고 매콤하게 볶았습니다.

READY (4인분)

필수 재료 · 불린 목이버섯(200g), 마늘(10쪽), 양파(¼개=50g), 청양고추(4개)
양념 · 참기름(1큰술)
양념장 · 간장(1큰술)+다시마물(2큰술)+맛술(0.5큰술)+굴소스(1큰술)

HOW TO MAKE

1 목이버섯은 기둥을 떼어내고 깨끗이 씻어 체에 밭쳐 물기를 빼고,

2 마늘은 얇게 썰고, 양파는 채 썰고, 청양고추는 어슷 썰고,

3 양념장을 만들고,

4 중간 불로 달군 팬에 식용유(2큰술)를 두르고 중간 불로 목이버섯을 볶다가 청양고추, 양파, 마늘을 넣어 함께 볶고,

5 양념장을 넣어 충분히 스며들 때까지 조리다 참기름을 넣어 마무리.
→ 참기름은 마지막에 넣어야 고소한 향이 날아가지 않아요.

아삭하게 씹히는
시원한 맛
오이 소박이

아삭하게 씹히는 상큼한 맛이 매력인 오이에 소를 푸짐하게 채운 오이소박이에요. 여름철 오이소박이를 담가 손님상에 올리면 맛을 본 손님들마다 한결같이 '오이소박이 맛있게 담그는 비법 좀 가르쳐 주세요'라고 물어봅니다. 올 여름 맛있는 오이소박이 담가 드시고 싶은 분이라면 한 번 만들어 보세요.

READY (4인분)

필수 재료 • 오이(10개), 굵은 소금(1컵), 부추(4줌), 무(100g)

소금물 • 굵은 소금(1컵), 물(3리터)

오이소박이소 • 굵은 고춧가루(3큰술)+고운 고춧가루(3큰술)+황태육수(1컵)+양파즙(3큰술)+생강즙(1큰술)+멸치액젓($\frac{1}{4}$컵)+새우젓($\frac{1}{4}$컵)+다진 마늘(3큰술)+매실청($\frac{1}{4}$컵)

→ 황태육수 만드는 법은 22p를 참고하세요.

HOW TO MAKE

1

오이는 굵은 소금으로 표면을 살살 비벼가며 문지르고 흐르는 물에 씻고,

2

오이의 양쪽 끝 1cm 정도를 잘라낸 뒤 다시 4등분 하고 아래쪽을 1cm 정도 남겨 열십자 모양으로 칼집을 내고,

3

칼집 낸 오이를 소금물에 30분 정도 절인 뒤 체에 밭쳐 물기를 빼고,

4

부추는 먹기 좋은 길이로 썰고, 무는 곱게 채 썰고,

5

오이소박이소를 만들고 부추와 무를 넣어 살살 버무리고,

6

버무린 소를 오이 사이사이에 꼭꼭 채워 넣어 마무리.

오이로 만드는
손쉬운 밑반찬
오이 갑장과

'갑장과'는 갑자기 만들었다고 해서 붙여진 재미난 이름이에요. 오이를 소금에 살짝 절인 뒤 물기를 꼭 짜고 양념한 쇠고기와 함께 볶아냈어요. 짭짜름하면서도 담백한 여름 별미 요리입니다.

READY (4인분)

필수 재료 • 백오이(2개), 굵은 소금(1큰술), 쇠고기(100g), 표고버섯(2장)
→ 청오이는 껍질이 두껍고 질긴 반면, 백오이는 연하고 부드러워 조리거나 무칠 때 좋아요.
선택 재료 • 붉은고추($\frac{1}{2}$개), 부순 참깨(1큰술)
소금물 • 소금(1큰술), 물(2컵)
밑간 • 간장(1큰술)+다진 마늘(0.5작은술)+올리고당(1작은술)+참기름(1작은술)+후춧가루(약간)+부순 참깨(1작은술)
양념 • 참기름(2작은술)

HOW TO MAKE

1 백오이는 굵은 소금으로 표면을 살살 문질러 씻은 뒤 반으로 잘라 씨 부분을 도려내 4~5등분 하여 1cm 굵기로 잘라 소금물에 담가두고,

2 떠오르지 않게 30분 정도 물주머니를 올리고,

3 절인 오이는 찬물에 헹궈 면포에 싸서 물기를 꼭 짜고,

4 쇠고기는 곱게 채 썰어 밑간하고,

5 표고버섯은 기둥을 떼어내 곱게 채 썰고, 붉은고추도 채 썰고,

6 팬에 식용유(1작은술)를 두르고 쇠고기와 표고버섯을 센 불에 볶고, 오이를 넣어 재빨리 볶아 참기름, 부순 참깨를 넣고 채 썬 붉은고추를 넣어 마무리.

입안 가득 느껴지는
가지의 부드러움
가지볶음

여름에 시장이나 마트에 가면 손쉽게 구할 수 있는 재료가 바로 가지예요. 손질하기도 쉽고 보관도 편리해 주부들에게는 최고의 식재료인데요. 가지볶음은 가지로 만들 수 있는 요리 중에서도 가장 기본 요리예요. 별다른 양념 없이 가지를 살짝 볶기만 했는데도 양념을 흡수해 부드러운 맛을 내 밥반찬으로 딱이랍니다.

READY (4인분)

필수 재료 • 가지(2개=400g)
선택 재료 • 붉은고추(1개), 부순 참깨(1큰술)
양념장 • 간장(2큰술)+다진 마늘(1큰술)+다진 파(2작은술)
양념 • 참기름(1큰술)

HOW TO MAKE

1
가지는 꼭지 부분을 잘라낸 뒤 깨끗이 씻어 먹기 좋은 크기로 썰고,

2
붉은고추는 채 썰고,

3
양념장을 만들고,

4
팬에 식용유(3큰술)를 두르고 중간 불로 가지를 달달 볶다가 양념장을 넣어 재빨리 한 번 더 볶고,

5
참기름, 부순 참깨, 붉은고추를 넣어 마무리.

한여름
무더위를 식혀줄
가지냉국

찬 성질의 가지는 우리 몸의 더위를 식혀주는 식재료예요. 가만히 앉아 있어도 땀이 주룩주룩 흘러내리고 숨이 턱턱 막히는 무더운 한여름, 깊고 진한 다시마물에 새콤한 식초로 맛을 내고 부드러운 가지를 넣은 시원한 가지냉국으로 무더위를 식혀 보세요.

READY (4인분)

필수 재료 • 가지(1개=200g), 오이(½개)
선택 재료 • 붉은고추(1개)
냉국국물 • 볶은 소금(1작은술)+식초(3큰술)+다시마물(2컵)+꿀(2큰술)
양념장 • 고춧가루(2작은술)+국간장(2큰술)+다진 마늘(2작은술)+다진 파(2작은술)

HOW TO MAKE

1
가지는 깨끗이 씻어 꼭지를 떼어내 길쭉하게 썰고,

2
김 오른 찜기에 면포를 깔고 가지를 놓은 뒤 센 불에서 2~3분 정도 쪄서 식히고,
→ 젓가락으로 찔렀을 때 가지가 무르지 않을 정도로만 쪄주세요.

3
오이와 붉은고추는 가늘게 채 썰고,

4
냉국국물과 양념장을 만들고,
→ 냉국국물을 살짝 얼리면 더욱 맛있어요.

5
가지와 오이에 양념장을 넣어 살살 버무리고,

6
냉국국물을 붓고 오이와 채 썬 붉은고추를 넣어 마무리.

손님상에
어울리는
가지전과 소고기 버섯볶음

홍콩에 한정식 레스토랑을 운영하는 지인분이 가지로 근사한 일품요리를 만들고 싶다며 자문을 구해왔을 때 개발한 요리예요. 가지를 넓고 길게 썰어 전으로 부쳐낸 뒤 갖은 양념으로 볶은 쇠고기와 버섯을 올려 먹는 요리지요. 가지의 고소한 맛을 제대로, 근사하게 즐기고 싶다면 도전해보세요. 가지런한 담음새 또한 일품이죠.

READY (4인분)

필수 재료 • 쇠고기(목심, 150g), 느타리버섯(2줌), 가지(2개=400g), 달걀(2개), 부침가루(½컵)
→ 쇠고기를 채소와 함께 볶을 때는 기름기 없는 담백한 목심이 적당해요.

쇠고기밑간 • 간장(2작은술), 맛술(2작은술), 파인애플즙(1큰술), 다진 마늘(작은술), 고추기름(1큰술), 참기름(1작은술), 후춧가루(약간)

가지밑간 • 소금(1작은술), 마늘즙(1작은술), 백후춧가루(약간)

양념장 • 고운 고춧가루(1작은술)+다시마물(2작은술)+간장(1작은술)+국간장(2작은술)+다진 청양고추(2작은술)+다진 파(1작은술)+다진 마늘(1작은술)+올리고당(2작은술)+참기름(1작은술)+소금(1작은술)

HOW TO MAKE

1. 쇠고기는 얇게 채 썰어 쇠고기밑간해 10분 정도 둔 뒤 팬에 센 불로 재빨리 볶고,

2. 끓는 물에 재빨리 데친 느타리버섯을 찬물에 헹궈 꼭 짜 물기를 제거한 뒤 팬에 식용유를 적당량 둘러 센 불로 재빨리 볶고,

3. 가지는 꼭지를 떼어내고 얇게 어슷 썬 뒤 10분 정도 가지밑간하고,
→ 가지를 얇게 썰어야 고기를 싸서 먹을 때 부담스럽지 않아요.

4. 달걀물을 만들고, 가지에 부침가루 → 달걀물 순으로 묻힌 뒤 팬에 센 불로 앞뒤 노릇하게 굽고,

5. 양념장을 만들고,

6. 쇠고기와 버섯을 골고루 버무리고 접시에 가지전과 함께 보기 좋게 담은 뒤 양념장을 곁들여 마무리.

시어머님의 밑반찬
가지무침

가지무침하면 시어머님이 생각이 납니다. 여름이면 가지를 조물조물 새콤달콤하게 무치셨는데 가지를 싫어했던 제가 시집와서 새로운 맛의 세계를 접한 음식이였어요. 시어머님의 내림음식중 하나인 가지무침을 소개해볼게요.

READY (4인분)

필수 재료 · 가지(2개=400g)

양념장 · 고춧가루(1큰술)+진간장(2큰술)+ 국간장(1큰술)+식초(2큰술)+ 다진 마늘(1큰술)+다진 파(1큰술)+ 올리고당(1큰술)+참기름(2큰술)+ 후춧가루(0.2큰술)+통깨(1큰술)

HOW TO MAKE

1	2	3	4

1. 가지는 깨끗이 씻어 꼭지를 떼어내 2등분한 뒤 다시 반으로 잘라 면포를 깐 김 오른 찜기에 넣고 센 불에서 10분 정도 쪄내고,

2. 가지의 열을 식힌 뒤 먹기 좋은 두께로 찢고,

3. 양념장을 만들고,

4. 찢어 둔 가지에 양념장을 넣어 잘 버무린 뒤 그릇에 담아 마무리.

식탁 위 고소한 한 접시
고사리들깨볶음

고사리는 산에서 자라는 쇠고기라 불릴 정도로 단백질이 풍부한 식품이지요. 주로 고사리를 잘 손질한 뒤 참기름에 볶아 나물로 즐기곤 하는데요. 이번에는 들깻가루를 듬뿍 넣은 고사리들깨볶음으로 면역력을 향상하는 건강 반찬을 만들어 보세요.

READY (4인분)

필수 재료 · 고사리(400g), 양지육수(5큰술), 거피들깻가루(2큰술)
→ 양지육수 대신 동량의 물을 넣어도 좋아요.
→ 양지육수 만드는 법은 23p를 참고하세요.

양념 · 국간장(2큰술), 다진 마늘(1큰술), 다진 파(1작은술), 들기름(1큰술)

HOW TO MAKE

1 고사리는 손질하여 깨끗이 씻은 후 체에 받쳐 물기를 빼고,
→ 고사리는 만졌을 때 줄기가 딱딱한 부분을 제거해야 부드럽게 먹을 수 있어요.

2 팬에 식용유(2큰술)를 두르고 센 불로 고사리를 볶다 양지육수를 붓고 들기름을 제외한 양념을 넣은 뒤 중간 불로 줄여 볶고,

3 양념이 자작해지면 거피들깻가루와 들기름을 넣어 한 번 더 볶은 뒤 그릇에 담아 마무리.

다양하게 즐기는
기분 좋은 매운맛
청양고추 장아찌

한국인의 청양고추 사랑은 남다르지요. 화끈하게 매우면서도 단맛을 내는 데는 청양고추만 한 게 없어요. 국물 요리에 청양고추를 듬성듬성 썰어 넣으면 밋밋할 수 있는 국물에 포인트가 되기도 하고요. 조금 더 다양한 방법으로 청양고추를 즐기고 싶은 분이라면 장아찌를 만들어 보세요. 입맛 없을 때 반찬으로도 좋고 잘 절인 장아찌를 다져 고소한 참기름과 깨를 넣고 섞은 뒤 밥에 쓱쓱 비벼 먹거나 고기와 함께 먹어도 좋답니다.

READY (4인분)

필수 재료 • 청양고추(2kg), 굵은 소금(1컵)
소금물 • 굵은 소금(1컵), 물(4ℓ)
간장물 재료 • 마늘(50g)+대파(10cm)+붉은고추(10g)+고추씨(2큰술)+굵은 소금(1큰술)+현미 식초(½컵)+진간장(½컵)+국간장(1컵)+
　　　　　　　매실청(2컵)+물(15컵)

HOW TO MAKE

1

청양고추는 깨끗이 씻어 체에 밭쳐 물기를 빼고,
→ 고추는 무르지 않고 단단한 것으로 고르세요.
→ 간장물이 잘 배어들 수 있도록 청양고추 꼭지 끝을 1cm 정도 잘라주세요.

2

냄비에 소금물을 끓인 뒤 차갑게 식혀 청양고추에 붓고,

3

청양고추가 뜨지 않게 물주머니를 올려 3일 정도 상온에서 삭혀 체에 밭쳐 물기를 빼고,

4

냄비에 간장물 재료를 부어 중간 불로 10분 정도 끓이다 불을 줄여 약한 불에서 5분 정도 더 끓여 식힌 뒤 면포에 국물만 따로 걸러내고,

5

청양고추를 밀폐용기에 담고, 간장물을 부은 뒤 청양고추가 뜨지 않게 물주머니를 올려 마무리.
→ 2일이 지난 후 간장물을 끓여 식혀 붓고, 3일에 한 번씩 3회 정도 간장물을 끓여 식혀 부어요. 한 달 정도 지난 뒤부터 먹어요.

아삭한
오이고추의 변신

오이고추 물김치

오이고추는 다른 고추에 비해 덜 맵고 씨가 적은 것이 특징이에요. 오이고추를 쌈장에만 찍어 먹지 말고 물김치로도 즐겨보세요. 아삭하게 씹히는 맛이 입맛을 살리고 아이들이 먹어도 괜찮을 만큼 맵지 않아 더욱 좋아요.

READY (4인분)

필수 재료 · 오이고추(20개), 붉은고추(4개), 무(75g), 부추(1줌=50g)
소금물 · 굵은 소금(3큰술), 물(5컵)
김칫국물 · 소금(1큰술)+다시마물(2컵)+배즙(3큰술)+양파즙(3큰술)+마늘즙(2큰술)+찹쌀물(3컵)+멸치액젓(2큰술)+매실청(4큰술)
오이고추물김치소 · 고추씨(2큰술)+소금(2작은술)+배즙(2큰술)+생강즙(2작은술)+멸치액젓(4큰술)+다진 마늘(1큰술)

HOW TO MAKE

1
오이고추는 깨끗이 씻어 양쪽 끝 부분을 1cm 정도 남기고 가운데를 칼끝으로 가르고,

2
소금물에 30분 정도 담갔다 체에 밭쳐 물기를 빼고,

3
붉은고추와 무는 곱게 채 썰고, 부추는 먹기 좋은 길이로 썰고,

4
김칫국물을 만들고,

5
오이물김치소를 만들고,
오이물김치소에 손질한 재료를 넣어 한 번 더 가볍게 버무리고,

6
오이고추에 오이물김치소를 꼭꼭 박아 넣고 밀폐용기에 켜켜이 담아 김칫국물을 부어 마무리.
→ 상온에서 하루 정도 둔 뒤 냉장 보관하고 일주일 뒤부터 먹어요.
→ 오이고추가 뜨지 않도록 물주머니를 올려두세요.

된장에 무쳐
구수하게 즐기는 밥반찬
오이고추 된장무침

영화 식객에서 밥반찬으로 선보였던 메뉴예요. 시골에서 촬영하는 장면이었는데 주변에 싱싱한 오이고추가 먹음직스럽게 열려있어 고추를 한 움큼 따다 된장 양념에 무쳐 냈더니 배우들이 촬영이 끝나자마자 순식간에 먹었던 기억이 나네요. 오이고추는 일반 고추보다 비타민이 풍부하며 수분 함량도 높고 고기 요리와 함께 먹으면 느끼함도 깔끔하게 잡아 준답니다.

READY (4인분)

필수 재료 • 오이고추(200g)
선택 재료 • 붉은고추($\frac{1}{2}$개), 통깨(2작은술)
양념장 • 고운 고춧가루(1작은술)+맛술(1큰술)+다시마물(4큰술)+다진 파(1큰술)+다진 마늘(2작은술)+재래식 된장(2큰술)+올리고당(1큰술)

HOW TO MAKE

1

오이고추는 꼭지를 떼어내고 깨끗이 씻은 뒤 먹기 좋은 크기로 썰고,

2

붉은고추는 채 썰고,

3

양념장을 만들고,

4

오이고추에 양념장을 넣어 버무리고,
→ 오이고추는 양념장을 만든 뒤 즉석에서 무쳐내는 것이 아삭하고 맛있답니다.

5

채 썬 붉은고추와 통깨를 올려 마무리.

고소한 콩가루와
꽈리고추의 만남

꽈리고추 콩가루찜

꽈리고추는 주로 간장이나 고추장 양념에 넣고 조려서 반찬으로 만들어 먹지요. 여기에 삶은 감자나 마른 오징어 등을 곁들여도 훌륭한 밑반찬이 되지만 이번엔 조금 색다르게 찜으로 즐겨보세요. 잘 손질한 꽈리고추에 고소한 콩가루를 넣어 버무린 뒤 은은하게 쪄내기만 하면 돼요. 여름 입맛 돋우는 밑반찬이에요.

READY (4인분)

필수 재료 • 꽈리고추(200g), 콩가루(½컵)

양념장 • 고춧가루(2작은술)+진간장(2작은술)+국간장(1큰술)+물(2큰술)+다진 마늘(1작은술)+다진 풋고추(1작은술)+다진 붉은고추(1작은술)+올리고당(2작은술)+참기름(2큰술)+통깨(1큰술)

HOW TO MAKE

1 꽈리고추는 꼭지를 떼어내 이쑤시개로 콕콕 찔러 구멍을 내고,

2 꽈리고추에 콩가루를 묻히고,
→ 콩가루를 입히기 전에, 엷은 소금물(소금1큰술+물1컵)에 꽈리고추를 10분 정도 절여도 좋아요.

3 김 오른 찜기에 면포를 깔고 꽈리고추를 넣어 3분 정도 중간 불로 찐 뒤 살짝 열을 식히고,

4 양념장을 만들고,

5 꽈리고추에 양념장을 골고루 버무려 마무리.

tip

꽈리고추 고르는 법!

꽈리고추는 꼭지가 신선하고 연녹색이며 부드럽고 굴곡이 있는 것으로 고르면 매운맛이 강하지 않아 좋답니다.

한국인의
기본 반찬
깍두기

한식을 배우고 싶어하는 많은 사람들을 만나 이야기를 나누다 보면 음식에 관한 추억을 종종 듣게 돼요. 예전에 만난 재미교포도 어릴 적 어머니가 해주던 깍두기 맛을 잊지 못해 깍두기 담그는 법을 배우고 싶어했어요. 보글보글 끓인 된장국에 찬밥을 말아 어머니의 손맛이 가득한 아삭하고 매콤한 깍두기를 얹어 한입 먹는 것을 평생 그리워했다고요. 그분을 위해 어머니의 마음으로 담그는 법을 가르쳤던 기억이 아직도 뭉클하게 남아있어요.

READY (4인분)

필수 재료 • 무(1kg), 쪽파(10대)
절임양념 • 굵은 소금(½컵), 설탕(3큰술), 매실청(3큰술)
양념장 • 고운 고춧가루(½컵)+황태육수(5큰술)+멸치액젓(5큰술)+배즙(3큰술)+양파즙(2큰술)+생강즙(2작은술)+다진 마늘(2큰술)+다진 새우젓(2큰술)
  → 황태육수 만드는 법은 22p를 참고하세요.

HOW TO MAKE

1 무는 깨끗이 씻어 깍둑 썰고,

2 무에 절임양념을 넣어 5시간 정도 절이고,

3 절인 무를 체에 밭쳐 물주머니를 올려 1시간 정도 물기를 빼고,

4 쪽파는 먹기 좋은 길이로 썰고,

5 양념장을 만들고,

6 무에 양념장과 쪽파를 넣어 살살 버무린 뒤 밀폐용기에 담아 마무리.
  → 상온에 하루 정도 둔 뒤 냉장 보관해 5~7일 숙성시켜 먹어요.

 tip

여름 무와 겨울 무
여름 무는 수분이 많고 단맛이 없어 수분 제거를 잘 해야 하지만, 겨울 무는 단단하고 단맛이 많아 수분을 제거하지 않아도 맛있답니다.

열대야 밤참으로 최고!

알타리 김치

어느 날 배우 진구 씨에게서 연락이 왔어요. 예능프로에 나가 알타리김치를 이용한 요리를 하고 싶다며 좋은 아이디어를 구하더라고요. 한참을 고민하며 생각을 주고받은 끝에 방송에서 선보인 메뉴가 바로 '진국수'랍니다. 국수를 잘 삶고 알타리김치를 듬뿍 넣은 뒤 살얼음이 낀 육수를 부으면 끝! 알타리김치를 이용한 진국수가 단연 우승이었죠. 이 메뉴의 포인트는 잘 익은 알타리김치예요. 여러 요리에 활용해도 맛있고 그냥 먹어도 맛있답니다.

READY (4인분)

필수 재료 • 알타리 무(4kg), 쪽파(20대)
→ 알타리 무는 작고 단단한 것으로 고르세요.

소금물 • 굵은 소금(2큰술), 물(3리터)

김치소 • 굵은 고춧가루(1컵)+고운 고춧가루($\frac{1}{2}$컵)+새우가루(1큰술)+황태육수($\frac{1}{2}$컵)+찹쌀풀(1컵)+멸치액젓($\frac{1}{4}$컵)+새우젓($\frac{1}{2}$컵)+다진 마늘($\frac{1}{2}$컵)+다진 생강(1큰술)
→ 황태육수 만드는 법은 22p를 참고하세요.

HOW TO MAKE

1 알타리 무는 깨끗이 손질하여 소금물에 5~6시간 정도 담갔다 깨끗이 씻어 체에 받쳐 물기를 빼고,
→ 굵은 무는 반으로 잘라 주세요.

2 쪽파는 먹기 좋은 길이로 썰고,

3 김치소를 만들고,

4 김치소에 쪽파를 넣어 한 번 더 가볍게 버무리고,

5 알타리 무에 김치소를 골고루 버무린 뒤 밀폐용기에 켜켜이 담아 마무리.
→ 상온에 하루 정도 둔 뒤 냉장 보관해요.

 tip

알타리김치가 너무 익었을 때

알타리김치가 오래되어 신맛이 강해지면 물로 한 번 씻은 뒤 멸치가루를 넣고 은근히 조려 알타리 조림을 만들어 보세요.

이렇게 색다른
만두가?

무피클
만두

일반적으로 만두는 얇은 만두피에 속 재료를 잘 채운 뒤 쪄먹는 것이지요. 이번엔 만두피 대신 쌈무를 사용해 무와 잘 어울리는 각종 속 재료로 가득 채워 만들었어요. 사탕 모양으로 만들어서 보는 재미가 있고 상큼달콤하게 씹히는 쌈무의 맛이 새롭답니다. 또한 소화도 잘되는 메뉴로 여름철 시원하게 냉장해두고 먹기 좋답니다.

READY (4인분)

필수 재료 • 쌈무(200g), 칵테일새우(150g), 두부(¼모=50g), 미나리(1줌=50g), 소금(0.5작은술)
양념 • 소금(1작은술), 다진 파(2작은술), 참기름(1큰술), 후춧가루(0.5작은술), 부순 참깨(2작은술)

HOW TO MAKE

1 쌈무는 체에 밭쳐 물기를 빼고,

2 칵테일새우는 데친 뒤 블렌더에 곱게 갈고, 두부는 으깬 뒤 면포에 넣어 물기를 짜고,

3 미나리는 잎을 뗀 후 끓는 물에 소금을 넣어 재빨리 데친 뒤 찬물에 헹궈 물기를 꼭 짜고,

4 손질한 새우살과 두부에 양념을 넣고 잘 섞어 속재료를 만들고,

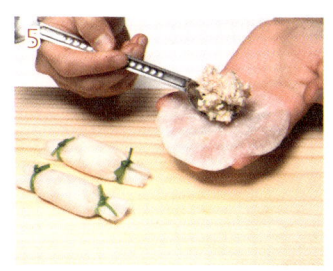

5 쌈무에 속재료를 한 수저씩 떠 넣어 돌돌 돌리듯 말고,
→ 속재료가 터지지 않도록 적당량만 넣어요.

6 쌈무의 끝을 미나리로 묶어 마무리.

담백한 쇠고기를 넣어
달큼하게 조려낸

무조림

겨울무는 보약이라 할 수 있죠? 입 안에 한 조각 넣으면 사르륵 녹아드는 무의 달콤한 맛에 푹 빠져보세요. 특히 무는 쇠고기와 찰떡궁합인데요. 담백한 맛이 일품인 목심에 밤, 대추 등을 푸짐하게 넣어 무와 함께 조려보세요.

READY (4인분)

필수 재료 • 무(2토막=400g), 쇠고기(목심, 200g), 마른 고추(2개), 밤(8알), 대추(4알), 참기름(1큰술)
선택 재료 • 통깨(1큰술)
양념장 • 생강즙(1작은술)+간장(2큰술)+다진 마늘(2작은술)+올리고당(1큰술)
밑간 • 맛간장(2큰술), 맛술(1큰술), 다진 마늘(1작은술), 올리고당(1큰술), 참기름(1작은술), 후춧가루(0.5작은술)

HOW TO MAKE

1

무는 굵게 썰고 양념장을 만들어 무를 넣고 20분 정도 재우고,

2

쇠고기는 먹기 좋은 크기로 썬 뒤 밑간 하고,

3

마른 고추는 깨끗이 닦아 3등분해 씨를 빼고, 밤은 껍질을 벗겨 깨끗이 씻고, 대추는 씨를 뺀 뒤 4등분 하고,

4

양념장에 재운 무를 냄비에 넣어 중간 불로 10분 정도 조리고,

5

살짝 조린 무에 밑간한 쇠고기, 마른고추, 밤, 물(½컵)을 넣은 뒤 중간 불에서 15분 정도 조리고,
→ 타지 않도록 물(½컵)을 조금씩 나눠 넣어가며 조려요.

6

양념장이 자작하게 조려지면 대추와 참기름, 통깨를 뿌려 마무리.

부드럽게 속을 달래주는 맛있는 소화제
무나물

무는 디아스타제라는 소화효소가 들어 있어 소화를 돕고 위장을 튼튼하게 만들어 주어 천연 소화제라고 불릴 정도로 탁월한 재료이지요. 무나물은 무를 팬에 달달 볶아 최대한 부드럽게 만든 뒤 고소한 통깨를 솔솔 뿌려 주면 되니 만들기도 참 간단하답니다. 김이 모락모락 나는 흰 쌀밥에 무나물을 얹어 먹는 무나물 비빔밥도 별미이니 한 번 드셔 보세요.

READY (4인분)

필수 재료 • 무(400g)

양념 • 국간장(1큰술), 다진 마늘(1작은술), 다진 파(1작은술), 참기름(0.5큰술), 소금(0.2작은술), 후춧가루(약간), 검은깨(0.5작은술)

HOW TO MAKE

1. 무는 깨끗이 씻어 곱게 채 썰고,

2. 팬에 식용유(1큰술)를 두르고 중간 불에서 채 썬 무를 달달 볶다가 뚜껑을 덮고,
→ 뚜껑을 덮으면 단단한 무가 빨리 부드러워져요.

3. 무가 부드러워질 정도로 익으면 양념을 넣고 버무려 마무리.

달콤하고 향긋한 유자향이 물씬
우엉유자청무침

우엉을 이용한 이색 요리에 대해 자문 요청이 있어 개발한 요리예요. 유자청은 겨우내 따끈하게 차로 마시는 게 익숙하시지요? 향긋한 유자청을 이용해 우엉을 아삭하게 무치면 입맛 돋우는 훌륭한 전채요리가 된답니다.

READY (4인분)

필수 재료 • 우엉(200g), 다시마물($\frac{1}{2}$컵),
선택 재료 • 검은깨(1작은술)
식촛물 • 식초(2큰술), 물(2컵)
양념 • 흑설탕(2작은술), 맛간장(2큰술), 유자청(2큰술)

HOW TO MAKE

1

우엉은 껍질을 벗겨 곱게 채 썰고, 식촛물에 10분 정도 담갔다 찬물에 헹궈 체에 받쳐 물기를 빼고.

2

팬에 식용유(1큰술)를 두르고 중간 불로 우엉과 다시마물을 넣어 우엉이 투명해질 때까지 볶다가 흑설탕, 맛간장을 넣고 10분 정도 더 볶은 뒤 불을 끄고.

3

우엉을 식힌 뒤 유자청을 넣어 골고루 섞고 검은깨를 뿌려 마무리.

달콤한 국민반찬 우엉조림

아이들이 학교에 다닐 적만 해도 도시락을 두세 개씩 싸는 일이 많았어요. 아이들이 좋아하는 햄이나 소시지를 싸줄 때는 건강 걱정에 미안한 마음이 들어 채소 반찬 하나씩은 꼭 싸주곤 했습니다. 그중 아이들이 제일 좋아하던 효자 반찬이 바로 우엉조림이에요. 반짝반짝 윤기가 나도록 조린 달콤한 우엉조림을 싸준 날은 마음이 뿌듯했답니다.

READY (4인분)

필수 재료 • 우엉(300g)
선택 재료 • 통깨(1큰술)
식촛물 • 식초(3큰술), 물(2컵)
양념장 • 흑설탕(2작은술)+맛간장(3큰술)+
　　　　　마늘즙(1큰술)+생강즙(2작은술)+
　　　　　맛술(1큰술)+다시마물(1컵)+
　　　　　올리고당(4큰술)
양념 • 참기름(1큰술)

HOW TO MAKE

1

우엉은 껍질을 벗겨 곱게 채 썰고, 식촛물에 30분 정도 담갔다 찬물에 헹궈 체에 받쳐 물기를 빼고,

2

양념장을 만들고,

3

냄비에 양념장을 넣고 끓어오르면 우엉을 넣고 중간 불에서 저어가며 윤기 나게 조리고,

4

양념장이 자작해지면 참기름, 통깨를 뿌려 마무리.

산삼만큼 좋아요
우엉장아찌

식초와 간장으로 맛을 내 상큼짭짜름한 우엉장아찌는 입맛이 없을 때 찬물에 밥을 말아 얹어 먹으면 그만이지요. 섬유질이 풍부해 변비 예방에도 도움을 준답니다.

READY (4인분)

필수 재료 • 우엉(400g), 생강(50g)
→ 우엉을 들었을 때 무게가 있고 단단하며 껍질에 흠집이 없이 매끈한 것을 골라주세요.

식촛물 • 식초(½컵), 물(4컵)

간장물 재료 • 황설탕(1컵)+다시마물(3컵)+식초(½컵)+청주(5큰술)+다시마간장(1컵)+매실청(½컵)
→ 다시마간장 만드는 법은 16p를 참고하세요.

HOW TO MAKE

1 우엉은 껍질을 벗겨 먹기 좋은 크기로 어슷 썰고, 식촛물에 20분 정도 담갔다 찬물에 헹궈 체에 밭쳐 물기를 빼고,
→ 우엉을 식촛물에 담가두면 아린 맛이 없어지고 변색되지 않아요.

2 생강은 깨끗이 씻어 납작 썰고.

3 냄비에 간장물 재료를 넣어 중간 불에서 10분 정도 끓이고 약한 불에서 5분 정도 더 끓인 뒤 식혀 면포에 걸러내고,
→ 간장물이 쉽게 끓어오를 수 있으니 넘치지 않도록 주의해요.

4 우엉과 생강을 밀폐용기에 담고 간장물을 부은 뒤 물주머니를 올려 마무리.
→ 2일이 지난 후 간장물을 끓여 식혀 붓고, 3일에 한 번씩 3회 정도 간장물을 끓여 식혀 부어요. 한 달 정도 지난 뒤부터 먹어요.

색도 모양도
먹음직스러운
연근전

연근 단면을 보면 뽀얀 속살에 작은 원들이 예쁘게 뚫려 있지요. 이 작은 원에 고기소를 가득 채워 기름에 노릇하게 지져 보세요. 한 번 베어 물면 첫 입은 연근의 아삭함이 느껴지지만 그 다음부터는 담백한 고기의 맛이 느껴져요. 모양도 예뻐서 보는 것만으로도 먹음직스럽답니다.

READY (4인분)

필수 재료 • 연근(200g), 다진 쇠고기(50g), 달걀(3개), 부침가루(1컵)
→ 연근은 흙이 적당히 묻어 있고 너무 굵지 않으며 속이 흰 것이 좋아요.
식촛물 • 식초(2큰술), 물(2컵)
밑간 • 간장(1작은술), 다진 마늘(½작은술), 올리고당(1작은술), 참기름(1작은술)

HOW TO MAKE

1
연근은 껍질을 벗겨 깨끗이 씻은 뒤 도톰하게 썰고, 식촛물에 20분 정도 담갔다 찬물에 헹궈 체에 받쳐 물기를 빼고,

2
다진 쇠고기는 종이타올로 핏물을 닦은 뒤 밑간하고,

3
끓는 물에 재빨리 연근을 데친 뒤 체에 받쳐 물기를 빼고,

4
밑간한 다짐육을 연근 사이사이에 눌러 가며 끼우고,

5
달걀물을 만들고, 부침가루→달걀물 순으로 옷을 입히고,

6
팬에 식용유를 적당량 두르고 중간 불로 연근전을 노릇하게 부쳐 마무리.

tip

연근 보관법
껍질을 벗긴 연근을 보관할 경우에는 옅은 식촛물을 만들어 부은 후 냉장 보관해요. 식촛물은 이틀에 한 번씩 교체해요. 다만 일주일 이상 두지 않고 먹는 것이 좋아요. 흙 묻은 연근일 경우 신문지로 돌돌 말아 냉장고에 넣으면 오래 보관할 수 있어요.

다이어트
맛있게 하세요

연근
샐러드

많은 사람들이 다이어트 혹은 건강을 위해 샐러드를 많이 즐기지요. 연근샐러드는 한식의 고유 느낌도 살려주면서 건강과 맛을 동시에 충족시키는 웰빙 샐러드이지요. 아삭한 연근의 맛이 고소한 들깨소스와 잘 어울린답니다.

READY (4인분)

필수 재료 • 연근(200g), 방울토마토(4개), 양상추(40g), 오이(40g)
소금물 • 소금(1큰술), 물(5컵)
단촛물 • 설탕(1큰술), 식초(1큰술), 물(2½컵)
들깨소스 • 소금(½작은술)+검은깨가루(1작은술)+들깻가루(4큰술)+배즙(4큰술)+레몬즙(4큰술)+올리고당(2큰술)

HOW TO MAKE

1

연근은 껍질을 벗기고 모양대로 얇게 썰어 옅은 소금물에 20분 정도 담가두고,

2

끓는 물에 재빨리 연근을 데쳐 단촛물에 5분 정도 담갔다 체에 밭쳐 물기를 빼고,

3

방울토마토는 꼭지를 떼 반으로 가르고, 양상추는 먹기 좋은 크기로 뜯어 단촛물에 1분 정도 담갔다 체에 밭쳐 물기를 빼고,

4

오이는 모양대로 썰고 찬물에 헹궈 체에 밭쳐 물기를 빼고,

5

들깨소스를 만들고,

6

접시에 연근과 양상추, 방울토마토, 오이를 모양 있게 담아 들깨소스를 곁들여 마무리.

아직도 조려만 드세요?
연근장아찌

연근을 달짝지근하게 조려 먹기만 했다면 이번엔 짭짜름한 장아찌로 만들어 보는 건 어떨까요? 한입 베어 물었을 때 은근하게 입맛 당기는 간장 양념에 연근의 풍미를 제대로 느낄 수 있는 이색 장아찌랍니다.

READY (4인분)

필수 재료 • 연근(1kg)
선택 재료 • 통후추(10알), 월계수잎(2~3장)
간장물 재료 • 설탕(1컵)+소금(1작은술)+진간장(1컵)+다시마간장($\frac{1}{2}$컵)+청주(1컵)+ 식초(1컵)
→ 다시마간장 만드는 법은 16p를 참고하세요.

HOW TO MAKE

1
연근은 껍질을 벗겨 깨끗이 씻고 0.5cm 두께로 썬 뒤 찬물에 3시간 정도 담가 아린맛을 제거하고,

2
연근을 체에 밭쳐 물기를 빼고,

3
냄비에 간장물 재료를 넣어 약한 불로 끓이고,

4
끓어오르면 통후추, 월계수잎, 연근을 넣어 팔팔 끓인 뒤 마무리.
→ 2일이 지난 후 간장물을 끓여 식혀 붓고, 3일에 한 번씩 3회 간장물을 끓여 식혀 부은 후 냉장 보관해 한 달 정도 지난 뒤부터 먹으면 더 맛있어요.

애호박 대표 메뉴

애호박새우젓볶음

애호박이 한여름 뙤약볕 아래서도 절대 말라죽지 않는 채소라는 사실, 아시나요? 그래서 무더운 여름에 애호박을 먹으면 큰 탈 없이 여름을 잘 보낼 수 있다고 하지요. 여기에 새우젓을 넣고 함께 볶아내면 구수한 맛과 색이 아름다운 고급 반찬이 됩니다.

READY (4인분)

필수 재료 • 애호박(1개), 소금(1작은술), 붉은고추(1개)

선택 재료 • 통깨(1큰술)

양념 • 새우젓(1큰술), 다진 마늘(1큰술), 다진 파(2작은술), 참기름(1큰술)

HOW TO MAKE

1

애호박은 길게 반 가르고 가운데 씨를 도려내 모양대로 썰고,

2

애호박은 소금으로 비벼가며 잘 절인 뒤 흐르는 물에 씻어 물기를 꼭 짜고, 붉은고추는 채 썰고,
→ 호박을 여름에는 20분, 겨울에는 30분 이상 절여요.

3

팬에 식용유(2큰술)를 두르고 애호박을 넣어 센 불로 재빨리 볶다가 양념을 넣고,
→ 호박은 많이 휘저으면 으깨져요. 재빨리 센 불에서 볶아요.

4

채 썬 붉은고추와 통깨를 뿌려 마무리.

눈 녹듯
부드러운 한입
애호박찜

애호박은 흔히 전으로 지져 먹거나 새우젓으로 간을 해 볶아먹지요. 조금 더 특별하게 즐기고 싶다면 애호박찜을 만들어 보세요. 호박에 십자 모양으로 칼집을 낸 뒤 그 사이를 버섯과 고기로 채워 든든함을 더했답니다. 손님 초대 음식으로도 훌륭하답니다.

READY (4인분)

필수 재료 · 애호박(2개), 마른 표고버섯(4장), 다진 쇠고기(100g), 녹말가루(2큰술)

소금물 · 소금(1큰술), 물(3컵)

밑간 · 맛술(1큰술), 간장(2큰술), 다진 마늘(1큰술), 다진 파(1큰술), 올리고당(2작은술), 참기름(1큰술), 후춧가루(0.2작은술), 부순 참깨(2작은술)

양념장 · 고춧가루(2작은술)+국간장(2큰술)+진간장(1작은술)+다진 파(1큰술)+다진 마늘(1작은술)+양파청(2작은술)+참기름(1큰술)+부순 참깨(1큰술)

HOW TO MAKE

1

애호박은 모양대로 2cm두께로 썰어 아래쪽을 1cm 정도 남기고 열십자로 칼집을 내고,

2

소금물에 10분 정도 담갔다 찬물에 씻어 체에 받쳐 물기를 빼고,

3

마른 표고버섯은 1시간 정도 물에 불려 기둥을 떼어 내고 물기를 짠 뒤 곱게 다지고, 다진 쇠고기는 키친타월로 핏물을 제거하고,

4

쇠고기와 표고버섯에 밑간 재료를 넣고 버무려 소를 만들고,

5

애호박의 칼집 낸 부분에 녹말가루를 묻힌 뒤 소를 채워 넣고,

6

양념장을 만들고, 김 오른 찜기에 젖은 면포를 깔고 중간 불로 애호박을 10분 정도 찐 뒤 그릇에 담아 양념장을 곁들여 마무리.
→ 호박은 너무 오래 찌면 물러져요.

속까지 시원하게
달래주는 여름 별미찌개
애호박 오징어 찌개

오징어는 언제든 쉽게 구할 수 있는 식재료예요. 비린내도 적고 손질하기도 쉬워 사시사철 먹기에 좋은 해산물이랍니다. 하지만 이 요리만큼은 꼭 여름에 즐기세요. 여름에 달큼함이 배가 되는 애호박을 듬성듬성 썰어 넣고 오징어도 함께 넣어 끓이면 구수한 냄새에 침이 꿀꺽 넘어가는 요리가 된답니다.

READY (4인분)

필수 재료 • 오징어(큰 것 1마리), 애호박($\frac{1}{2}$개), 대파(5cm), 다시마물(4컵), 두부($\frac{1}{2}$모)

선택 재료 • 풋고추(1개), 붉은고추(1개)

양념장 • 고운 고춧가루(3큰술)+국간장(2큰술)+맛술(1작은술)+다진 마늘(1큰술)+고추장(2큰술)+된장(1작은술)+후춧가루(0.5작은술)

HOW TO MAKE

1. 오징어는 먹기 좋은 크기로 썰고,

2. 애호박은 반달모양으로 도톰하게 썰고, 대파와 풋고추, 붉은고추는 어슷 썰고,

3. 양념장을 만들고,

 tip

깔끔한 오징어 손질법

1 오징어는 반으로 갈라 내장을 제거하고,

2 오징어 다리에 붙은 눈과 먹물은 떼어내고,

3 몸통의 껍질은 굵은 소금(1~2큰술)으로 문질러 가며 벗겨 깨끗이 씻어 마무리.

4. 냄비에 다시마물을 붓고 양념장, 오징어, 애호박을 넣어 센 불로 끓인 뒤 끓어오르면 5분 정도 더 끓이다 한입 크기로 썬 두부를 넣어 5분 정도 더 끓이고,

5. 대파, 풋고추, 붉은고추를 넣어 마무리.

부추전이
지겨울때
부추 오징어 무침

부추를 한 단 사 놓으면 다 먹기 부담스러울 때가 많지요. 매번 해 먹는 부추전이 지루할 땐 오징어와 함께 무쳐보는 건 어떠세요? 고춧가루로 양념해 매콤하면서도 사과를 넣어 달콤하고 식감도 좋은 요리가 된답니다.

READY (4인분)

필수 재료 • 부추(2줌=100g), 오징어(1마리), 맛술(1큰술), 사과(⅓개=80g), 백오이(½개=80g), 붉은고추(1개)
→ 부추는 줄기가 너무 크거나 두껍지 않은 것으로 고르세요.

양념장 • 고운 고춧가루(1큰술)+간장(1큰술)+사과식초(2큰술)+맛술(1큰술)+다진 마늘(2작은술)+고추장(1큰술)+매실청(2큰술)+통깨(1큰술)

HOW TO MAKE

1

부추는 깨끗이 씻어 먹기 좋은 길이로 썰고,

2

오징어는 손질해 먹기 좋은 크기로 썰고,

3

끓는 물에 맛술을 넣어 소량씩 10초 정도 재빨리 오징어를 데쳐 차게 식히고,

4

사과는 깨끗이 씻어 껍질째 얇게 반달 썰고, 오이는 곱게 채 썰고, 붉은고추는 씨를 빼 곱게 채 썰고,

5

양념장을 만들고,

6

손질한 재료에 양념장을 넣어 골고루 버무려 마무리.
→ 먹기 직전에 버무려야 아삭하게 즐길 수 있어요.

부추의 향을
듬뿍 담은
부추전

향긋한 부추를 반죽해 노릇하게 지져낸 부추전은 다들 좋아하지요. 저는 부추전 하면 드라마 〈발효가족〉의 음식감독 시절, 현장에서 고생하는 스태프들을 위해 만들었던 기억이 납니다. 추운 날 노릇하게 지진 고소한 부추전 냄새에 스태프들이 모여 바쁘게 젓가락질하던 모습이 떠오르네요. 드라마를 촬영하는 4개월 내내 부친 부추전만 해도 300장이 넘을 정도로 인기가 많았던 메뉴예요.

READY (4인분)

필수 재료 • 부추(1줌), 붉은고추(2개), 당근(50g), 오징어(½마리)
반죽 재료 • 부침가루(1컵), 달걀(1개), 물(½컵)
초간장 • 설탕(2작은술)+간장(1큰술)+식초(2작은술)+레몬즙(1작은술)

HOW TO MAKE

1

부추는 깨끗이 씻어 먹기 좋은 길이로 썰고,

2

붉은고추는 어슷 썰고, 당근은 채 썰고,

3

오징어는 손질해 깨끗이 씻은 뒤 도톰하게 채 썰고,

4

반죽 재료를 섞어 반죽을 만들고, 손질한 재료를 모두 넣어 섞고,

5

초간장을 만들고,

6

팬에 식용유를 적당량 두르고 중간 불로 반죽을 한 수저씩 떠 넣어 노릇하게 부친 뒤 초간장을 곁들여 마무리.
→ 전을 부칠 때는 불 조절에 주의하고 식용유를 넉넉히 둘러가며 부쳐야 타지 않고 노릇하게 부칠 수 있어요.

한국인의 단골반찬
감자조림

유럽에서는 감자를 대지의 사과, 땅속의 사과라 부르기도 하죠. 감자에는 비타민C가 사과의 5배나 많이 함유되어 있어요. 보통 채소나 과일류는 조리하면 비타민C가 파괴된다 하지만 감자의 비타민C는 조리하여도 쉽게 파괴되지 않아 조림을 해 먹어도 좋은 건강 반찬이에요.

READY (4인분)

필수 재료 · 감자(400g)
선택 재료 · 검은깨(1작은술)
소금물 · 소금(1큰술), 물(3컵)
양념장 · 흑설탕(1작은술)+다시마물(3컵)+간장(3큰술)+식용유(1큰술)+물엿(1큰술)

HOW TO MAKE

1
감자는 껍질을 벗겨 먹기 좋은 크기로 썰어 찬물에 담가 전분질을 제거하고,
→ 감자의 씨눈에는 솔라닌이라고 하는 독소가 있으니 꼭 제거해주셔야 해요.

2
손질한 감자를 소금물에 1시간 정도 담갔다 체에 받쳐 물기를 빼고,
→ 소금물에 감자를 담가 두면 조릴 때 잘 부서지지 않는답니다.

3
양념장을 만들고,

4
냄비에 양념장과 감자를 넣고 중간 불에서 부드러워질 때까지 조리고,

5
약한 불로 줄여 양념장이 자작해질 때까지 조린 뒤 검은깨를 뿌려 마무리.

속이 좋은 날
시원 담백하게 먹는

맑은
감잣국

감자 본연의 맛을 그대로 느낄 수 있으면서 칵테일새우를 넣어 부드럽고 담백한 맛이예요. 국물 없이는 밥을 못 먹는 분들을 위한 자극적이지 않은 국물요리로도 좋지요. 멸치다시마육수에 감자와 새우를 듬뿍 넣어 양념만 하면 끝! 포실포실한 감자를 한입 베어 먹으면 하루 종일 속이 든든해질 거예요.

READY (4인분)

필수 재료 · 감자(600g), 칵테일새우(100g), 멸치다시마육수(8컵)
→ 멸치다시마육수 만드는 법은 23p를 참고하세요.

선택 재료 · 대파(3cm)

양념 · 소금(0.5작은술), 국간장(2큰술), 다진 파(1큰술), 다진 마늘(2작은술)

HOW TO MAKE

1 감자는 껍질을 벗겨 먹기 좋은 크기로 썰어 찬물에 담가 전분질을 제거한 뒤 체에 밭쳐 물기를 빼고,
→ 알이 굵은 감자의 경우 먼저 2등분을 해야 썰기가 편해요.

2 칵테일새우는 깨끗이 씻어 체에 밭쳐 물기를 빼고,

3 대파는 송송 썰고,

4 냄비에 멸치다시마육수와 손질한 감자, 새우를 넣어 중간 불에서 10분 정도 끓이고,

5 냄비에 양념을 넣어 5분 정도 더 끓인 뒤 대파를 넣어 마무리.

더위를 잊게 하는
시원한 한 그릇
감자 냉채국수

포슬포슬 부드러운 맛이 일품인 감자로 만든 시원한 한 그릇 요리를 소개해요. 밀면으로 만드는 국수는 흔하지만 감자를 이용한 국수 요리는 처음이지요? 감자로 만들어 포만감이 느껴지고 콩물을 넣어 고소해요. 감자를 소면처럼 곱게 채 썰어 놓는 감자냉채국수는 콩물과 함께 어우러지는 여름 별미랍니다.

READY (4인분)

필수 재료 • 방울토마토(2개), 감자(600g), 오이(⅓개=40g), 소금(1큰술), 새싹(5g)
→ 감자는 무겁고 단단하며 표면에 흠집이 적고 매끄러운 것이 좋아요.

선택 재료 • 통깨(0.2작은술)

콩물 재료 • 불린 검은콩 또는 약콩(2컵), 잣(2큰술), 물(6컵)

HOW TO MAKE

1. 검은콩은 끓는 물에 삶은 뒤 식혀 껍질을 ⅔정도 벗겨내고 체에 밭쳐 물기를 빼고,

2. 블렌더에 삶은 콩과 남은 콩물 재료를 넣어 곱게 간 뒤 콩물을 만들어 냉장 보관하고,

3. 방울토마토는 꼭지를 떼 반 가르고, 감자는 곱게 채 썰어 찬물에 담가 전분질을 제거한 뒤 체에 밭쳐 물기를 빼고, 오이는 곱게 채 썰고,

4. 끓는 물에 소금을 넣고 재빨리 감자를 데쳐낸 뒤 찬물에 헹궈 얼음물에 담가 차게 식혀 체에 밭쳐 물기를 빼고,

5. 볼에 감자채를 담고 콩물을 부은 뒤 오이와 방울토마토, 새싹을 얹고 통깨를 뿌려 마무리.
→ 간은 고운 소금으로 기호에 맞게 해서 드세요.

포만감 가득한
고구마 샐러드

달콤한 고구마를 으깨 고소한 견과류와 연유를 살짝 넣으면 몸에도 좋고 맛도 좋은 고구마샐러드 완성! 고구마는 쌀보다 칼로리가 낮으면서 위에 머무는 시간이 길고 섬유소까지 풍부해 다이어트에 좋답니다.

READY (4인분)

필수 재료 · 고구마(300g), 단호박(½개=100g)

연유소스 · 소금(0.5작은술), 다진 견과류(4큰술), 연유(1큰술)
→ 잣, 호박씨 등 다양한 종류의 견과류를 넣으면 좋아요.

HOW TO MAKE

1	2	3	4

찜통에 고구마와 단호박을 넣어 센 불로 20분 정도 찌고.	단호박과 고구마의 열이 식기 전 껍질을 벗겨 으깨고,	연유소스를 만들고,	고구마와 단호박에 연유소스를 넣어 골고루 섞은 뒤 냉장 보관해 마무리.

소문난 요리 | 즐겨 먹는 채소

아이들도 잘 먹어요!
도라지볶음

도라지는 사포닌 성분이 많아 면역력 향상에 도움을 주는 식품입니다. 아이들은 도라지의 쓴맛 때문에 한입 먹자마자 얼굴부터 찡그리곤 하지만 도라지를 살짝 데쳐 찬물에 헹구어 쓴맛을 없애고 기름에 달달 볶으면 연하고 부드러워 아이들이 잘 먹는 반찬이 된답니다.

READY (4인분)

필수 재료 · 도라지(400g), 양지육수(½컵)
→ 양지육수 만드는 법은 23p를 참고하세요.

선택 재료 · 검은깨(1큰술)

양념 · 소금(1작은술), 다진 마늘(1작은술), 다진 파(1작은술), 참기름(1큰술)

HOW TO MAKE

1
끓는 물에 소금을 넣어 손질한 도라지를 데친 뒤 체에 밭쳐 물기를 빼고,
→ 도라지는 결을 따라 칼로 도려가며 껍질을 벗겨 손질합니다. 손질이 어려울 경우 무 깎는 칼로 껍질을 벗겨도 돼요.

2
팬에 식용유(2큰술)를 두르고 중간 불로 도라지, 양지육수를 넣어 달달 볶고,

3
양념을 넣어 재빨리 볶다가 검은깨를 뿌려 마무리.

도라지의 상큼한 변신

도라지오이 초고추장무침

쌉싸래한 도라지와 상큼한 오이가 만났어요. 겨우내 축적된 군살이 고민이라면 섬유질이 풍부한 도라지와 부기를 빼는 데 효과적인 오이로 초고추장 무침을 만들어 보세요. 지방함량이 적고 비타민과 무기질이 풍부해 다이어트에 좋답니다.

READY (4인분)

필수 재료 • 도라지(200g), 오이($\frac{1}{2}$개=80g), 소금(1작은술)

소금물 • 소금(1작은술), 물(1컵)

양념장 • 간장(1작은술)+사과식초(1큰술)+배즙(1큰술)+다진 마늘(2작은술)+다진 파(2작은술)+고추장(2큰술)+올리고당(1큰술)+통깨(1큰술)

HOW TO MAKE

1

손질한 도라지는 소금물에 10분 정도 담갔다가 주물러 씻어 체에 밭쳐 물기를 빼고,
→ 도라지를 소금물에 절여 씻으면 아린 맛이 없어져요.
→ 도라지는 결을 따라 칼로 도려가며 껍질을 벗겨 손질합니다.

2

오이는 길게 반 갈라 어슷 썬 뒤 소금을 넣고 10분 정도 절인 뒤 물로 씻어 물기를 꼭 짜고,

3

양념장을 만들고,

4

도라지와 오이에 양념장을 넣어 골고루 버무려 마무리.

든든한 일 년 반찬
마늘장아찌

장아찌는 잘 만들어 두기만 하면 일 년 동안 밑반찬 걱정 할 필요 없는 효자 메뉴예요. 그래서 신선한 채소들만 보면 이걸로 어떻게 장아찌를 만들지부터 생각해요. 특히 마늘장아찌는 봄이 막 끝나는 초여름에 제일 먼저 만들어 두는 반찬이에요. 무더위가 몰려오는 7~8월까지 냉장 보관해 두었다가 입맛 없을 때 한 쪽씩 밥 위에 얹어 먹으면 그 맛이 참 별미지요.

READY (4인분)

필수 재료 • 깐 마늘(300g)
식초소금물 • 식초(3컵), 굵은 소금(2큰술)
양념장 • 진간장(⅓컵)+생강즙(1큰술)+고추장(1컵)+매실청(3큰술)+올리고당(¼컵)

HOW TO MAKE

1

깐 마늘은 밑둥 부분을 칼로 잘라내 손질하여 깨끗이 씻어 물기를 빼고, 식초소금물에 5~6시간 정도 담갔다 건져낸 뒤 채반에 널어 하루 정도 두고,

2

양념장을 만들고,

3

마늘에 양념장을 넣어 골고루 버무린 뒤 밀폐용기에 담아 냉장 보관해 마무리.
→ 냉장 보관해 2달 정도 지난 뒤부터 먹어요.
→ 봄철 햇마늘이 나올 때 마늘장아찌를 담그면 더 맛있답니다.

수족냉증에
탁월한

마늘종
간장
장아찌

마늘종은 따뜻한 성질을 지니고 있어 위장과 심장의 혈액 순환을 도와요. 사계절 손발이 차가워 고생하는 딸을 지켜준 음식도 바로 마늘종간장장아찌였답니다. 이 장아찌를 가장 맛있게 먹으려면 마늘종의 아릿함을 잘 제거해야 해요. 마늘종을 소금물에 하루 정도 푹 담가 두면 된답니다.

READY (4인분)

필수 재료 • 마늘종(2kg)
소금물 • 굵은 소금(½컵), 물(3ℓ)
간장물 재료 • 식초(½컵)+소주(½컵)+진간장(2컵)+매실청(1컵)+쌀엿(½컵)+물(10컵)

HOW TO MAKE

1
마늘종은 깨끗이 씻어 먹기 좋은 길이로 자르고,
→ 마늘종은 굵고 단단한 것이 좋지만 장아찌용은 연한 것이 좋아요.

2
냄비에 소금물을 끓여 식힌 뒤 마늘종에 부어 뜨지 않게 물주머니를 올려 하루 정도 삭히고,

3
냄비에 간장물 재료를 부어 센 불로 끓어오르면 불을 줄여 중간 불에서 10분, 다시 약한 불에서 5분 정도 더 끓여 식혀 간장물을 만들고,

4
마늘종을 건져내 체에 밭쳐 물기를 빼고 밀폐용기에 담은 뒤 간장물을 붓고,

5
마늘종이 뜨지 않게 물주머니를 올려 마무리.
→ 2일이 지난 후 간장물을 끓여 식혀 붓고, 3일에 한 번씩 3회 정도 간장물을 끓여 식혀 부어요. 냉장 보관해 2달 정도 지난 뒤부터 먹어요.

tip
매콤하게 즐기고 싶다면!

고추장 양념장
고춧가루(½컵)+
멸치액젓(2큰술)+
생강즙(1큰술)+마늘즙(2큰술)+
고추장(1컵)+쌀엿(1컵)+매실청(3큰술)

간장물 대신 고추장 양념장을 만들어 마늘종에 버무려 냉장 보관한 뒤 한 달 정도 지난 뒤부터 먹어요. 마늘종에서 수분이 생길 수 있으므로 중간중간 뒤집어 주세요.

쇠고기를 곁들여
감칠맛 돋는

마늘종
쇠고기
조림

흔히 집에 있는 재료를 이용해 상차림에 내놓을 고급 밑반찬 만들기에 관심이 많은데요. 제 노하우는 일반 재료의 특성을 가장 잘 살릴 수 있는 기본 요리에 맛과 영양 궁합이 잘 맞는 재료를 곁들이는 겁니다. 원기회복을 북돋아 주는 마늘종. 여기에 단백질의 근원인 소고기와 함께 볶으면 영양은 물론 맛까지 더해 준답니다.

READY (4인분)

필수 재료 • 마늘종(200g), 다진 쇠고기(80g)
선택 재료 • 통깨(1큰술), 참기름(1큰술)
양념장 • 간장(3큰술)+다시마물($\frac{1}{2}$컵)+매실청(1큰술)+올리고당(1큰술)

HOW TO MAKE

1. 마늘종은 깨끗이 씻어 먹기 좋은 길이로 자르고,

2. 양념장을 만들고,

3. 팬에 양념장을 넣어 중간 불로 한 번 끓이고,

4. 마늘종과 다진 쇠고기를 넣어 중간 불에서 양념장이 스며들도록 서서히 조리고,
→ 마늘종은 양념이 잘 스며들지 않기 때문에 뚜껑을 덮고 익혀요.

5. 양념장이 자작하게 조려지면 통깨와 참기름을 넣어 마무리.

아삭하게 한입!
마늘종무침

신선한 마늘종을 먹을 때면 푸릇한 봄 내음이 느껴져요. 마늘종의 아릿함을 싫어하는 사람도 있지만 양념장으로 살짝 버무려 맛을 내면 아릿함마저 입맛 돋우는 매력적인 맛으로 변해요. 아삭한 한입으로 봄을 느끼고 싶다면 마늘종 한 다발을 사서 양념장에 무쳐 보세요.

READY (4인분)

필수 재료 · 마늘종(200g), 소금(1작은술)
양념장 · 고춧가루(1큰술)+간장(1큰술)+매실청(2큰술)+올리고당(1큰술)+참기름(1큰술)+통깨(1큰술)

HOW TO MAKE

1

마늘종은 깨끗이 씻어 먹기 좋은 길이로 자르고,

2

끓는 물에 소금을 넣어 재빨리 마늘종을 데친 뒤 체에 밭쳐 물기를 빼고,
→ 아삭한 식감을 원하면 짧게, 약간 무른 식감을 좋아하면 조금 더 데쳐 주세요.

3

양념장을 만들고,

4

마늘종에 양념장을 넣어 골고루 버무려 마무리.

알싸한 풋마늘의 매력
풋마늘초무침

풋마늘은 마늘이 영글기 전 줄기와 이파리가 단단하고 싱싱할 때가 가장 맛있어요. 풋마늘을 손질해서 골고루 양념을 무치면 입맛을 돋우는 반찬이 된답니다.

READY (4인분)

필수 재료・풋마늘(300g), 소금(1작은술)

양념장・고춧가루(2작은술)+
식초(2큰술)+된장(2큰술)+
매실청(2큰술)+올리고당(1큰술)+
통깨(1큰술)

HOW TO MAKE

| 1 | 2 | 3 | 4 |

1 깨끗이 씻은 풋마늘을 끓는 물에 소금을 넣어 데친 뒤 찬물에 씻어 체에 밭쳐 물기를 빼고,
→ 풋마늘 줄기 사이에 흙이 많으니 3~4번 씻어야 해요.

2 데친 풋마늘은 먹기 좋은 길이로 자르고,
→ 굵은 대는 반으로 자르고 푸른 잎은 질기므로 제거해요.

3 양념장을 만들고,

4 풋마늘에 양념장을 넣어 골고루 버무려 마무리.

한장한장
엄마의 마음을 담아
깻잎간장 장아찌

깻잎장아찌를 윤기 나는 하얀 쌀밥 위에 올리고 한입 베어 물면 짭조름한 간장 양념과 향긋한 깻잎의 향기가 입 안에 한가득 퍼지지요. 밥도 둑으로도 유명한 깻잎 반찬은 오래 보관하지 않아도 쉽게 만들어 먹을 수 있으니 밥반찬으로도 좋고 구운 고기에 싸 먹어도 훌륭하답니다.

READY (4인분)

필수 재료 · 깻잎(20묶음)
간장물 재료 · 대파(10cm)+황설탕(3큰술)+다시마물(3컵)+식초(⅓컵)+진간장(⅓컵)+국간장(⅓컵)

HOW TO MAKE

1

깻잎은 꼭지 부분을 2cm 정도 남기고 자른 뒤 흐르는 물에 깨끗이 씻어 체에 밭쳐 물기를 빼고,

2

김 오른 찜기에 넣어 중간 불에서 1~2분 정도 살짝 쪄낸 뒤 식히고,

3

냄비에 간장물 재료를 부어 중간 불에서 10분 정도 끓이다 약한 불에서 5분 정도 더 끓여 식히고,

4

깻잎을 밀폐용기에 켜켜이 담은 뒤 간장물을 붓고,

5

깻잎이 뜨지 않도록 물주머니를 올려 마무리.
→ 하루 지난 후 간장물을 끓여 식혀 붓고, 3일에 한 번씩 3회 정도 간장물을 끓여 식혀 부어 냉장 보관해 일주일 뒤부터 먹어요.

씁싸름한 더덕의
상큼한 변신!

더덕생채

더덕생채를 조금 더 새롭게 만들어 먹고 싶다는 생각에 만들어 본 메뉴예요. 더덕은 잘만 손질하면 생각보다 무척 부드럽고 연한 재료라 매콤 상큼한 양념장에 버무리면 더덕의 향이 더욱 배가 되어 향기 가득한 별미 반찬이 되어요.

READY (4인분)

필수 재료 · 더덕(200g), 부추(½줌), 배(¼개=100g)
소금물 · 소금(2작은술), 물(2컵)
양념장 · 소금(0.5작은술)+고운 고춧가루(2작은술)+사과식초(2큰술)+다진 마늘(2작은술)+고추장(1큰술)+유자청(2작은술)+매실청(2작은술)+통깨(1큰술)

HOW TO MAKE

1
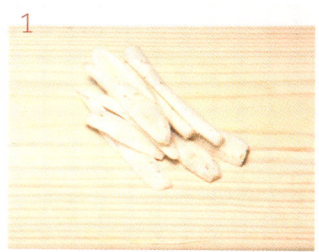
더덕은 흙을 깨끗이 씻어 윗부분부터 뿌리 방향으로 껍질을 벗기고,

2

반으로 잘라 옅은 소금물에 약 30~40분 담가 쓴맛을 제거하고, 더덕이 부서지지 않도록 방망이로 살살 밀고,

3

먹기 좋은 길이로 자른 뒤 곱게 채 썰고,

4

부추는 깨끗이 씻고, 배는 껍질을 벗겨 더덕과 같은 길이로 썰고,

5

양념장을 만들고,

6

채 썬 더덕과 부추, 배에 양념장을 골고루 버무려 마무리.

자글자글 구워
매콤하게 즐기는

더덕
양념구이

더덕구이는 갑자기 들이닥친 손님들을 위해 손님상에 내놓기에도 좋고, 온 가족 둘러앉아 기분 좋게 술 한잔씩 주고받을 때 웰빙 안주로도 그만이에요. 더덕양념구이를 더욱 맛있게 즐기려면 양념장이 한군데에 뭉치지 않도록 골고루 넓게 발라 충분히 구워주세요. 양념이 마르지 않도록 두세 번 반복해 덧바르는 것도 잊지 마세요!

READY (4인분)

필수 재료 • 더덕(200g)
선택 재료 • 쪽파(1대), 통깨(1큰술)
밑간 • 간장(1큰술), 참기름(1큰술)
양념장 • 다시마물(5큰술)+마늘즙(2큰술)+고추장(2큰술)+올리고당(1큰술)+쌀엿(1큰술)

HOW TO MAKE

1

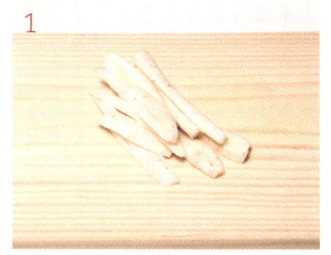

더덕은 흙을 깨끗이 씻어낸 뒤, 윗부분부터 뿌리 방향으로 껍질을 벗기고,
→ 끓는 물에 살짝 데치면 껍질을 벗기기 쉬워요.

2

반으로 잘라 부서지지 않도록 방망이로 살살 밀고,

3

손질한 더덕에 밑간하고,

4

양념장을 만들고,

5

쪽파는 송송 썰고,

6

더덕에 양념장을 골고루 바른 뒤, 팬에 식용유를 적당량 두르고 약한 불에서 앞뒤로 구워 송송 썬 쪽파와 통깨를 뿌려 마무리.

입안을 개운하게 하는 향긋한 향

더덕장아찌

더덕의 향긋함을 살리는 고급밑반찬이에요. 더덕은 천식이나 편도선염 같은 환절기 질환에 좋은 식재료예요. 특히 숙성시키는 시간에 따라 각기 다른 맛을 느낄 수 있어 더욱 매력적이지요. 향긋한 더덕에 매콤한 장으로 숙성시킨 더덕장아찌 하나면 코앞까지 다가왔던 환절기 질환도 달아난답니다.

READY (4인분)

필수 재료 • 더덕(1kg)
→ 더덕은 단단하고 굵은 뿌리를 가진 것이 좋아요.

양념장 • 멸치가루($\frac{1}{2}$컵)+고춧가루(1컵)+진간장($\frac{1}{2}$컵)+다시마물($\frac{1}{2}$컵)+고추장(3컵)+물엿(2컵)

양념 • 통깨(2큰술)

HOW TO MAKE

1. 손질한 더덕을 하루 정도 둔 뒤 꾸덕꾸덕해지면 반으로 갈라 방망이로 자근자근 두들겨 주고,
→ 더덕은 깨끗이 씻고, 윗부분부터 뿌리 방향으로 껍질을 벗겨 준비하세요.

2. 양념장을 만들고,

3. 팬에 양념장을 넣어 약한 불로 10분 정도 윤기 나게 끓여 식히고,

4. 더덕에 양념장을 골고루 버무려 밀폐용기에 담아 통깨를 뿌려 마무리.
→ 버무린 더덕은 한 달 후부터 먹어요.

향긋하고 담백한 건강반찬
쑥갓두부무침

쑥과 쑥갓을 헷갈려하는 사람들이 종종 있는데요. 쑥은 부드럽고 향긋해 무침이나 쑥 버무리 등으로 즐겨 먹지요. 반면 쑥갓은 쑥보다는 좀더 톡 쏘는 향이 있어 주로 국물요리 마지막 단계에 넣거나 살짝 데쳐 먹지요. 하지만 왠지 쑥갓을 그냥 무치는 건 좀 심심한 것 같아 부드러운 두부를 으깨 함께 버무렸어요. 씹을 때마다 고소함이 입안에 계속 맴돌아요.

READY (4인분)

필수 재료 • 쑥갓(200g), 소금(1작은술), 두부(100g)

양념 • 소금(1작은술), 다진 마늘(2작은술), 다진 파(2작은술), 들기름(1큰술), 부순 참깨(1큰술)

HOW TO MAKE

1

쑥갓은 단단한 줄기 부분을 잘라내고, 끓는 물에 소금을 넣어 재빨리 데치고,
→ 쑥갓은 잎과 줄기 부분을 따로 데치면 골고루 잘 익힐 수 있어요.

2

찬물에 씻어 물기를 살짝 짠 뒤 먹기 좋은 길이로 썰고,

3

두부는 으깨어 면포에 넣어 물기를 짜고,
→ 두부를 소금물에 살짝 데친 뒤 사용해도 좋아요.

4

쑥갓과 두부에 양념을 넣고 무쳐 마무리.

봄 향기 가득한
미나리전

추운 겨울을 잘 이겨내고 따스한 봄볕에 훌쩍 자라나 선명한 초록 빛깔로 봄을 물씬 느끼게 해주는 미나리에 새우살을 듬뿍 넣고 전을 부쳐 보세요. 전을 부칠 때 기름을 너무 적게 두르거나 불이 너무 약하면 바삭한 식감을 즐길 수 없으니 유의하면서 전을 부쳐요. 겉은 바삭바삭 속은 탱글탱글 씹히는 새우살로 더욱 맛있는 미나리전을 즐길 수 있답니다.

READY (4인분)

필수 재료 • 미나리(1단=200g), 칵테일새우(200g), 붉은고추(2개)
식촛물 • 식초(1큰술), 물(3컵)
초간장 • 설탕(2작은술)+간장(1큰술)+식초(2작은술)+레몬즙(1작은술)
반죽 재료 • 부침가루(1컵), 달걀(1개), 물($\frac{1}{2}$컵)

HOW TO MAKE

1

미나리는 잎을 떼고 깨끗이 씻은 뒤 식촛물에 10분 정도 담가 두고,

2

먹기 좋은 길이로 썰고,

3

칵테일새우는 깨끗이 씻어 체에 받쳐 물기를 빼고, 붉은고추는 채 썰고,

4

초간장을 만들고,

5

반죽 재료를 섞어 반죽을 만든 뒤 미나리와 채 썬 붉은고추를 넣어 버무리고,

6

팬에 식용유를 적당량 두르고 반죽을 한 수저씩 떠 넣은 뒤 가운데에 새우살을 2~3개씩 놓아 중간 불로 노릇하게 앞뒤로 부쳐 초간장을 곁들여 마무리.

미나리와 팽이버섯을 한 번에!

미나리 팽이버섯 무침

무기질과 섬유질이 풍부한 알카리성 식품인 미나리와 포만감이 풍부한 팽이 버섯을 함께 무치면 비만을 걱정하는 분들의 반찬으로 딱 이랍니다.

READY (4인분)

필수 재료 • 미나리(1단=200g), 소금(2작은술), 팽이버섯(1봉)
식촛물 • 식초(1큰술), 물(3컵)
양념 • 다진 마늘(1큰술), 들기름(1큰술), 부순 참깨(1큰술)

HOW TO MAKE

1 미나리는 깨끗이 손질하고,

2 식촛물에 10분 정도 담가두고,

3 끓는 물에 소금(1작은술)을 넣어 재빨리 미나리를 데친 뒤 찬물에 씻어 물기를 꼭 짜 먹기 좋은 길이로 썰고,

4 팽이버섯은 밑동을 잘라 가닥가닥 떼어 끓는 물에 소금(1작은술)을 넣어 재빨리 데친 뒤 찬물에 씻어 체에 밭쳐 물기를 빼고,

5 미나리와 팽이버섯에 양념을 넣고 골고루 무쳐 마무리.

PART 3

everyday

싱싱한 생선·해산물

삼면을 모두 바다가 둘러싸고 있는 한반도. 난류와 한류가 만나는 동해에는 어장이 발달했고 섬이 많고 수심이 낮은 남해와 서해에서는 해산물이 많이 납니다. 그렇기 때문에 다양한 식재료들을 맛볼 기회가 많고 그만큼 잊을 수 없는 맛의 추억들도 많을 거예요. 생선·해산물 파트에서는 시원하고 짭짜름한 바다의 맛과 향을 가득 담은 다양한 요리를 소개할게요.

깔끔하고 담백한
국물맛
맑은
대구탕

주부 한 분이 대구탕을 맛있게 끓이는 비법을 물어온 적이 있었어요. 무언가 거창한 비밀이 숨어 있을 것만 같지만 생각보다 간단하답니다. 재료 본연의 맛을 살릴 수 있도록 양념을 줄이는 거지요. 담백한 대구살 한 점에 깊고 진한 국물 한입이면 하루 동안 쌓인 스트레스가 한 방에 날아가는 것 같아요.

READY (2인분)

필수 재료 · 대구(중간 크기, 1마리), 대파(5cm), 붉은고추(1개), 무(1토막=200g), 쑥갓(40g), 멸치다시마육수(4컵)
  → 멸치다시마육수 만드는 법은 23p를 참고하세요.
소금물 · 소금(1큰술), 물(5컵)
양념 · 소금(2작은술), 생강즙(1작은술), 다진 마늘(1큰술)

HOW TO MAKE

1

대구는 깨끗이 손질해 토막 내고 소금물에 30분 정도 담가두었다 흐르는 물에 씻어 체에 받쳐 물기를 빼고,
→ 대구는 지느러미와 입을 잘라내고 머리의 지저분한 불순물을 제거해요.

2

내장은 제거한 뒤 고니와 알을 깨끗이 씻어 소금물에 30분 정도 담갔다 흐르는 물에 씻어 체에 받쳐 물기를 빼고,

3

대파와 붉은고추는 어슷 썰고, 무는 나박 썰고,

4

쑥갓은 깨끗이 씻어 잎 부분만 따로 두고,
→ 향이 강한 쑥갓은 모양새를 위해 넣는 것이므로 잎 부분만 사용합니다. 기호에 따라 줄기를 사용해도 좋아요.

5

냄비에 멸치다시마육수, 나박 썬 무를 넣고 중간 불에서 끓어오르면 고니와 알, 대구, 양념을 넣어 20분 정도 더 끓이다 고추, 대파, 쑥갓을 곁들여 마무리.
→ 얼큰한 맛을 원하면 청양고추 2개 정도를 어슷 썰어 넣어요.
→ 중간에 거품이 떠오르면 걷어내요.

숙취해소에 딱 좋은
국물요리
북엇국

우리 연구소를 찾는 외국인들, 특히 일본인들이 좋아하는 인기 메뉴 중 하나가 바로 북엇국이에요. 북엇국을 어떻게 아느냐고 물어봤더니 일본에서 방영하는 한국 드라마 속 주인공들이 숙취 후 먹는 국이라 알게 됐다고 하네요. 그만큼 북엇국 한입이면 꽉 막힌 속이 풀어지고, 뜨뜻하게 뱃속을 채워 주는 힘이 생기죠.

READY (4인분)

필수 재료 · 북어채(100g), 두부(½모), 대파(3cm), 달걀(2개), 황태육수(7컵)
→ 황태육수 만드는 법은 22p를 참고하세요.
양념 · 참기름(1큰술), 국간장(2큰술), 다진 마늘(1작은술)

HOW TO MAKE

1 북어채는 찬물에 헹궈 체에 밭쳐 물기를 빼고,

2 두부는 깍둑 썰고,

3 대파는 어슷 썰어 달걀 푼 물에 넣어 잘 섞고,

4 냄비에 참기름을 두르고 중간 불에서 북어를 달달 볶다가 황태육수(2컵)를 넣어 푹 끓이고,

5 국물이 뽀얗게 우러나면 남은 황태육수(5컵)를 넣고 국물이 끓어오르면 두부와 국간장, 다진 마늘을 넣어 5분 정도 더 끓이고,

6 대파를 넣은 달걀물을 천천히 나눠 부은 뒤 달걀이 완전히 익으면 마무리.

얼큰하게 즐기는
겨울 별미
동태탕

동태는 다른 생선에 비해 지방이 적고 열량이 낮아 생선의 담백한 맛을 그대로 느낄 수 있지요. 보글보글 끓여낸 동태탕과 윤기가 자르르 흐르는 밥 한 공기면 추위가 두렵지 않아요.

READY (4인분)

필수 재료 · 동태(2마리), 팽이버섯(50g), 느타리버섯(50g), 무(1토막=200g), 붉은고추(1개), 대파(5cm), 멸치다시마육수(5컵)
→ 멸치다시마육수 만드는 법은 23p를 참고하세요.
양념장 · 고운 고춧가루(4큰술)+맛술(1큰술)+국간장(2큰술)+다진 마늘(1큰술)+다진 청양고추(1큰술)+소금(0.5작은술)+후춧가루(0.5작은술)

HOW TO MAKE

1

양념장을 만들고,
→ 고춧가루가 양념장에 잘 섞여야 국물이 텁텁하지 않아요.

2

동태는 머리와 꼬리를 자르고, 지느러미와 내장을 손질한 뒤 토막 내고,
→ 동태 내장은 깨끗이 씻은 뒤 옅은 소금물에 청종이나 맛술을 넣어 10분 정도 두면 비린내를 잡을 수 있어요.

3
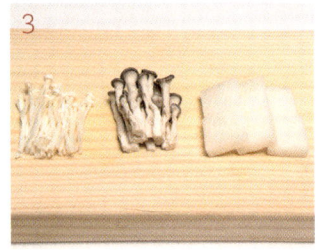
팽이버섯은 밑동을 잘라 깨끗이 씻어 물기를 빼고, 느타리버섯은 가닥가닥 떼고, 무는 굵게 나박 썰고,

4

붉은고추와 대파는 어슷 썰고,

5

냄비에 멸치다시마육수를 넣고 양념장과 무를 넣어 센 불에서 끓이고, 국물이 끓어오르면 동태와 느타리버섯, 대파, 붉은고추를 넣어 중간 불에서 15분 정도 더 끓이다 팽이버섯을 넣어 마무리.
→ 끓일 때 떠오르는 거품을 제거하면 깔끔한 맛이 나요.

 tip

동태 잘 고르는 법

눈으로 봤을 때 눈알이 투명하며 줄무늬가 선명해야 합니다. 얼어 있어야 할 동태가 녹아 있거나 녹아가는 것은 신선도가 떨어지는 것이니 구매를 삼가는 것이 좋아요.

매콤 쫀득한 밑반찬
황태포 장아찌

촉촉한 식감의 황태포장아찌는 드라마 〈그 겨울, 바람이 분다〉 촬영 때 몇 번 차려 밥상 위에 올렸던 음식이에요. 배우들도 처음 보는 음식이라며 관심을 보였는데 한입씩 권했더니 황태포장아찌의 매콤달콤한 맛에 감탄하더라고요. 생각보다 질기거나 거칠지 않고 부드럽게 입 안에서 살살 녹아 인기 만점이었답니다.

READY (4인분)

필수 재료 · 황태포(300g)

밑간 · 맛술(3큰술), 생강즙(1큰술), 황태육수(½컵)
→ 황태육수 만드는 법은 22p를 참고하세요.

양념장 · 고운 고춧가루(1큰술)+황태육수(½컵)+배즙(2큰술)+생강즙(2컵)+멸치액젓(2큰술)+다진 마늘(2큰술)+고추장(1컵)+쌀엿(4큰술)+소금(1작은술)

HOW TO MAKE

1 황태포는 30분 정도 밑간한 뒤 물기를 가볍게 짜고,

2 양념장을 만들고,

3 팬에 양념장을 넣어 약한 불로 5분 정도 끓여 식히고,

4 황태포에 양념장을 골고루 버무린 뒤 밀폐용기에 담아 냉장 보관해 마무리.
→ 한 달 정도 숙성시킨 후 참기름(약간), 다진 파(약간), 통깨(약간)를 곁들여 먹어요.

아이들도 좋아하는 생선요리
삼치카레구이

삼치는 비린 맛이 없으며 부드러운 맛이 특징이에요. 고등어는 남성, 삼치는 여성 같다고 할까요? 카레 향으로 입맛을 살린 삼치는 구웠을 때 바삭바삭함과 어우러진 촉촉한 육즙이 일품이랍니다.

READY (4인분)

필수 재료 · 삼치(1마리)

밑간 · 소금(1작은술), 맛술(1큰술), 생강즙(1큰술)

튀김반죽 · 부침가루(4큰술), 카레가루(4큰술), 물($\frac{1}{2}$컵)

HOW TO MAKE

1

삼치는 머리와 꼬리를 자르고, 지느러미와 내장을 제거하고,

2

30분 정도 밑간한 뒤 깨끗이 씻어 체에 밭쳐 물기를 빼고,

3

튀김반죽을 만들어 삼치에 골고루 버무리고,

4

팬에 식용유($\frac{1}{4}$컵)를 두르고 중간 불로 삼치를 앞뒤로 노릇하게 구워 마무리.

고등어에서
이런 맛이?
고등어
조림

고등어는 등푸른생선의 대표 주자로 가을이 제철이죠. 또한 국민생선이라 불릴 만큼 가격 대비 영양과 맛이 일품이에요. 단백질 함량이 풍부하여 성장기 어린이나 기력이 쇠한 어른들에게 좋은 음식이랍니다.

READY (4인분)

필수 재료 • 고등어(1마리), 붉은고추(1개), 풋고추(1개), 무(1토막=200g)

밑간 • 소금(1큰술), 식초(2큰술)

양념장 • 고춧가루(2큰술)+진간장(3큰술)+생강즙(2작은술)+맛술(2큰술)+다시마물(4큰술)+다진 마늘(1큰술)+다진 파(1큰술)+매실청(1큰술)+올리고당(1큰술)+참기름(1큰술)+후춧가루(0.5작은술)+부순 참깨(1큰술)

HOW TO MAKE

1. 고등어는 머리와 꼬리를 자르고, 지느러미와 내장을 손질한 후 4~5 토막으로 어슷 썰고,

2. 20분 정도 밑간해 깨끗이 씻어 체에 밭쳐 물기를 빼고,

3. 붉은고추, 풋고추는 어슷 썰고, 무는 도톰하게 나박 썰고,

4. 양념장을 만들고,

5. 냄비에 무를 깐 뒤 양념장의 반을 넣고 중간 불로 무가 반 정도 익을 때까지 조리다 손질한 고등어를 가지런히 올리고,

6. 국물이 조려지면 나머지 양념장과 붉은고추, 풋고추를 넣어 국물이 자작해질 때까지 한번 더 조려 마무리.

한국인의 원조 밥도둑
간장게장

참게나 꽃게로 만드는 간장게장은 3~4월에 잡은 꽃게로 만드는 것이 가장 맛있어요. 주황빛 알이 가득 차 있는 꽃게는 보기만 해도 군침이 고이는데요. 특히 간장이 잘 배인 게딱지에 김이 모락모락 나는 쌀밥을 쓱쓱 비벼 먹으면 밥 한 그릇을 뚝딱 해치우게 되죠.

READY (4인분)

필수 재료 · 꽃게(4마리)
→ 알이 꽉 찬 암게로 준비하세요. 암게는 배딱지가 동그란 게 특징이에요.

간장물 재료 · 붉은고추(4개), 감초(4개), 황기(2뿌리), 마늘(10쪽), 마른 표고버섯(2개), 대추(5알), 파뿌리(50g), 조선간장($\frac{1}{2}$컵), 간장(3큰술), 배즙($\frac{1}{2}$컵), 다시마물(5컵), 청주($\frac{1}{2}$컵), 매실청($\frac{1}{2}$컵), 물엿(4큰술)

HOW TO MAKE

1

냄비에 간장물 재료를 넣고 센 불에 올려 끓어오르면 중간 불에서 10분, 약한 불에서 10분 더 끓인 뒤 식혀 면포에 거르고,
→ 간장물을 끓일 때 생기는 거품은 고운체로 즉시 걷어 주세요.
→ 약재의 은은한 맛과 향을 살리기 위해서는 불조절에 꼭 신경 써 주세요.

2

꽃게는 솔로 구석구석 깨끗이 씻은 뒤 체에 밭쳐 물기를 빼고,

3

꽃게 등딱지가 아래로 향하게 하여 밀폐용기에 가지런히 담고,

4

간장물을 부어 주고,

5

하루가 지난 뒤 국물만 따라내 다시 한 번 끓인 뒤 부어 마무리.
→ 두 번째 간장물을 붓고 하루가 지난 뒤 먹으면 맛있어요.
→ 먹기 직전 채 썬 마늘이나 붉은고추를 곁들이면 좋아요.

매콤한 양념을 곁들인
탱글한 게살이 매력적인

양념참게장

꽃게는 몸속 열을 없애고 위의 기운을 조절하여 음식을 소화하는 힘이 있지요. 또한 필수 아미노산과 비타민이 풍부해 성장기 어린이, 회복기 환자에게도 좋습니다. 양념게장의 꽃게는 가을철 9~10월의 꽃게로 담는 것이 탱글한 게살이 양념에 어우러져 더욱 맛이 있답니다.

READY (4인분)

필수 재료・ 꽃게(4마리), 쪽파(2개), 마늘(4쪽), 청양고추(2개), 붉은고추(2개)

양념장・ 고운 고춧가루(1컵)+설탕(2큰술)+멸치액젓(4큰술)+생강즙(2큰술)+양파즙(2큰술)+조선간장(1큰술)+진간장(2큰술)+다진 마늘(3큰술)+매실청(3큰술)+올리고당($\frac{1}{2}$컵)+통깨(2큰술)

HOW TO MAKE

1 꽃게는 솔로 구석구석 깨끗이 씻은 뒤 체에 밭쳐 물기를 빼고,

2 등딱지는 몸통과 분리하고, 다리 끝 부분을 조금씩 자른 뒤 먹기 좋은 크기로 자르고,

3 쪽파는 먹기 좋은 길이로 썰고, 마늘은 납작하게 썰고, 청양고추와 붉은고추는 어슷 썰고,

4 양념장을 만들고,

5 꽃게에 양념장을 골고루 버무린 뒤 손질한 재료를 모두 넣어 한 번 더 버무려 마무리.
→ 밀폐용기에 담아 냉장 보관해 2~3일 지난 뒤 먹으면 맛있어요.

쫄깃하게 즐기는
불고기

오징어 불고기

오동통한 오징어를 잘 손질해 한입 크기로 썬 뒤 입안이 얼얼해질 정도로 매콤한 양념장을 버무려 맛을 냈어요. 여기에 쫄깃한 식감이 매력적인 느타리버섯을 넣으면 버섯의 향과 오징어와 어우러지는 맛의 조화를 느낄 수 있답니다.

READY (4인분)

필수 재료 · 오징어(300g), 양파(½개=100g), 느타리버섯(50g), 청양고추(2개), 대파(5cm)
선택 재료 · 통깨(1작은술)
밑간 · 맛술(2큰술)
양념장 · 고운 고춧가루(2큰술)+진간장(2큰술)+배즙(2큰술)+다진 마늘(1큰술)+고추장(1큰술)+매실청(1큰술)+올리고당(2큰술)+물녹말(1큰술)+후춧가루(0.5작은술)
양념 · 참기름(2작은술)

HOW TO MAKE

1 오징어는 내장을 제거한 뒤 사선으로 굵게 칼집을 내어 먹기 좋은 크기로 썰고 다리는 가닥가닥 자르고,
→ 오징어 몸통 안쪽에 칼집을 내야 말리지 않고 예쁘게 모양이 잡혀요.

2 오징어를 10분 정도 밑간한 뒤 끓는 물에 소량씩 재빨리 데쳐내고,
→ 오징어를 볶을 때 수분이 많이 생기면 싱거워지므로 먼저 살짝 데치는 것이 좋아요.

3 양파는 굵게 채 썰고, 느타리버섯은 가닥가닥 떼고,

4 청양고추, 대파는 어슷 썰고, 양념장을 만들고,

5 오징어와 양파, 느타리버섯에 양념장을 골고루 버무려 30분 정도 두고,

6 중간 불로 달군 팬에 식용유(2큰술)를 두르고 준비한 재료를 모두 넣어 센 불에서 재빨리 볶은 뒤 참기름, 통깨를 넣어 마무리.

해물이 듬뿍!
집에서 즐기는
고급 중화요리

오징어 해물 누룽지탕

바삭하게 튀겨낸 누룽지에 갑오징어는 물론 오징어, 새우, 관자 등 다양한 해산물을 풍부하게 넣어 맛을 냈어요. 바다를 옮겨 온 듯 각종 해산물들이 소스와 어우러지며 누룽지의 고소함이 절묘한 맛의 조화를 느끼게 해주어요.

READY (2인분)

필수 재료 • 오징어(⅔마리), 어린 갑오징어(10마리), 새우(중간크기 4마리), 관자(2개), 맛술(1큰술), 마른 붉은고추(2개), 대파(5cm), 배추 속대(30g), 표고버섯(2장), 누룽지(200g)

양념장 • 다시마물(3컵)+맛술(1큰술)+간장(2큰술)+생강즙(1큰술)+다진 마늘(1큰술)+굴소스(2큰술)+후춧가루(0.5작은술)

양념 • 고추기름(2큰술)

녹말물 • 녹말가루(1큰술), 물(2큰술)

HOW TO MAKE

1

손질한 오징어의 몸통은 깨끗이 씻어 칼집을 내 먹기 좋은 크기로 어슷 썰고, 어린 갑오징어는 깨끗이 씻고, 새우는 꼬치로 등 쪽의 내장을 제거하여 깨끗이 씻고, 관자는 3등분하고,
→ 오징어 손질법은 101p를 참고하세요.

2

끓는 물에 맛술을 넣어 오징어 몸통, 갑오징어, 새우, 관자를 각각 재빨리 데치고,

3

마른 붉은고추는 3등분 해 씨를 빼고, 대파는 어슷 썰고, 배추 속대는 깨끗이 씻고, 표고버섯은 기둥을 떼어낸 뒤 모양대로 썰고,

4

먹기 좋은 크기로 자른 누룽지는 200℃로 달군 식용유에 넣어 부풀어 오를 때까지 튀겨내고,

5

양념장을 섞고, 오목한 팬에 고추기름을 두르고 센 불에서 마른 붉은고추를 넣어 재빨리 볶다가 양념장을 넣어 끓이고,

6

끓어오르면 손질한 재료를 모두 넣어 재빨리 볶다가 녹말물을 넣어 한 번 더 끓인 뒤 불을 끄고 그릇에 튀긴 누룽지를 모양새 있게 담고 볶은 재료들을 부어 마무리.
→ 녹말물을 만들어 10분 동안 둔 뒤 맑은 윗물은 따라버리고, 가라앉은 녹말만 사용해요.

자꾸 손이 가는
마른 오징어 식해

밑반찬으로 만들어 먹는 식해는 오징어나 황태포 등 건어물에 찹쌀과 양념장을 함께 버무린 젓갈의 일종이에요. 찹쌀을 넣어 찰기를 주고 쫄깃한 오징어와 아삭한 무가 식감을 살리지요. 젓갈이지만 짜지 않아 밥반찬으로 즐기기 좋아요.

READY (4인분)

필수 재료 · 마른 오징어(3마리), 무(4토막=800g), 엿기름가루($\frac{1}{2}$컵), 고두밥(2공기), 메조고두밥(1컵)
선택 재료 · 붉은고추(5개)
밑간 · 멸치액젓(4큰술), 참치액젓(1큰술), 맛술(3큰술)
무절임 · 소금(2큰술), 설탕(3큰술), 물(1컵)
양념장 · 고운 고춧가루(1컵)+고운 소금(3큰술)+설탕(1큰술)+다시마물($\frac{1}{2}$컵)+소주(2큰술)+생강즙(3큰술)+다진 마늘(3큰술)+조청($\frac{1}{2}$컵)+
매실청(3큰술)+물엿(3큰술)

HOW TO MAKE

1. 마른 오징어는 하루 정도 불려 깨끗이 씻은 뒤 먹기 좋은 크기로 썰어 30분 정도 밑간하고,

2. 무는 채 썬 뒤 30분 정도 무절임하고, 붉은고추는 어슷 썰고,

3. 양념장을 만들어 고춧가루가 잘 섞일 때까지 충분히 저어주고,

4. 엿기름가루는 체에 거르고,

5. 마른 오징어, 무, 고두밥, 메조고두밥에 양념장을 넣어 골고루 버무리고,
→ 고두밥과 메조고두밥은 미리 고슬고슬하게 식혀 두세요.

6. 엿기름가루, 청양고추를 넣고 한 번 더 골고루 버무려 마무리.
→ 밀봉한 뒤 상온에서 2~3일 정도 지나면 냉장 보관해 3주 후부터 먹어요.

속까지 뻥 뚫리는
시원한 국물맛
연포탕

요리 스승인 시어머니가 살아계실 때 참 좋아하셨던 음식이에요. 연포탕은 자극적이지 않아 누구든 부담 없이 먹기 편한 음식이지요. 가을 낙지는 보양식이다 하시면서 정성스럽게 손질한 낙지로 시원하게 끓인 연포탕 국물 한입에 미소 지으시던 시어머니가 생각나는 음식입니다.

READY (2인분)

필수 재료 • 모시조개(200g), 낙지(큰 것, 3마리), 굵은 소금(1큰술), 배추속대(100g), 무($\frac{1}{2}$토막=100g), 미나리(100g), 대파(20cm), 청양고추(2개), 붉은고추(1개), 다시마물(5컵)

소금물 • 소금(1큰술), 물(3컵)

밑간 • 맛술(1큰술), 참기름(1작은술)

양념 • 들기름(2큰술), 새우젓(1큰술), 소금(1작은술), 국간장(2큰술)

HOW TO MAKE

1

모시조개는 바락바락 비벼 씻은 뒤 10분 정도 소금물에 담가 해감하고,

2

낙지는 내장과 눈을 제거한 뒤 굵은 소금으로 바락바락 주물러 찬물에 헹궈 10분 정도 밑간하고,
→ 낙지는 가위로 머리를 반 잘라 내장과 먹물주머니를 떼어내세요.
→ 냉동 낙지는 해동 후 굵은 소금으로 뽀드득 소리가 날 정도로 씻으세요.

3

배추와 무는 나박 썰고, 미나리는 먹기 좋은 길이로 썰고, 대파, 청양고추, 붉은고추는 어슷 썰고.

4

냄비에 다시마물과 조개를 넣고 끓이다 조개 입이 벌어지면 조개는 건져낸 후 면포에 조개육수를 따로 걸러내고,

5

냄비에 들기름을 두르고 중간 불로 배추와 무를 달달 볶다 조개육수를 부어 끓이고,

6

끓어오르면 손질한 재료를 모두 넣고 센 불로 5분 정도 끓이다 새우젓, 소금, 국간장으로 간한 뒤 5분 정도 더 끓여 마무리.

손님상 빛내는
한 접시

낙지 양배추 볶음

매콤한 양념으로 맛을 낸 낙지볶음. 생각만 해도 군침이 돌죠? 밥 위에 낙지와 매콤한 양념을 턱 얹어 비벼 먹으면 낙지비빔밥으로도 손색없어요. 또, 낙지볶음에 소면을 넣으면 알싸하게 매운 양념 맛을 중화시켜 주지요. 하지만 매번 소면이 불어 고민이라면 양배추를 이용해 더 건강하게 즐겨보세요.

READY (4인분)

필수 재료 • 낙지(600g), 굵은 소금(1큰술), 녹말가루(2큰술), 양배추(400g)
선택 재료 • 붉은고추(1개), 청양고추(1개), 통깨(1큰술)
양념장 • 고운 고춧가루(5큰술)+양파즙(4큰술)+맛술(1큰술)+생강즙(2큰술)+진간장(2큰술)+물(⅔컵)+다진 마늘(1큰술)+고추장(3큰술)+
올리고당(3큰술)+후춧가루(0.5작은술)
밑간 • 맛술(2큰술)
양념 • 소금(1작은술), 백후춧가루(0.2작은술), 고추기름(2큰술), 참기름(1큰술)

HOW TO MAKE

1 붉은고추와 청양고추는 어슷 썰고, 양념장을 만들고,

2 낙지는 손질한 뒤 굵은 소금으로 바락바락 주물러 찬물에 깨끗이 씻어 먹기 좋은 길이로 썰어 10분 정도 밑간하고,

3 끓는 물에 낙지를 소량씩 넣고 재빨리 데쳐 물기를 뺀 뒤 녹말가루에 무치고,
→ 낙지는 지나치게 익으면 질겨지니 끓는 물에 넣었다가 바로 건져내세요.

4 팬에 식용유(1큰술)를 두르고 중간 불로 손질한 양배추와 소금, 백후춧가루를 넣고 재빨리 볶아 접시에 옮기고,
→ 양배추는 한 잎씩 떼어 굵은 줄기 부분을 제거해 곱게 채 썰어 준비해요.

5 팬에 고추기름을 두르고 양념장을 넣어 끓이다 센 불에서 낙지를 넣어 재빨리 볶은 뒤 참기름(1큰술)을 뿌리고,

6 양배추를 접시에 놀리듯 담고, 볶은 낙지를 중앙에 담아 붉은고추, 청양고추를 얹고 통깨를 뿌려 마무리.

유럽식 홍합찜이
부럽지 않은

매운 홍합볶음

홍합은 가격도 저렴하고 맛도 좋아 한국인에게 사랑받는 식재료이지요. 다양한 요리가 가능한 홍합을 오늘은 매콤하게 볶아 보세요. 늦은 밤, 가족과의 오붓한 술자리를 위한 센스 있는 안주로도 손색없어요.

READY (4인분)

필수 재료 • 홍합(800g), 청양고추(2개), 붉은고추(1개), 대파(5cm)
소금물 • 소금(1큰술), 물(2ℓ)
양념 • 다시마물(2컵), 맛술(2큰술)
양념장 • 소금(0.5작은술)+청양고춧가루(2큰술)+생강즙(2작은술)+맛술(2큰술)+다진 마늘(2큰술)+고추장(1큰술)+올리고당(2큰술)+
  참기름(1작은술)+ 후춧가루(0.5작은술)

HOW TO MAKE

1

홍합은 손질한 뒤 30분 정도 소금물에 담가 해감한 뒤 한 번 씻어 체에 밭쳐 물기를 빼고,
→ 홍합은 수염을 떼고 굵은 소금으로 비비 씻어요.

2

냄비에 다시마물과 맛술을 붓고 홍합을 넣어 중간 불로 끓이다가 입이 벌어지면 홍합을 건지고, 홍합육수는 면포에 걸러 따로 두고.

3

양념장을 만들고,
→ 양념장에 홍합육수(1컵)를 넣으면 국물이 시원해서 좋아요.

4

청양고추, 붉은고추, 대파는 어슷 썰고,

5

오목한 팬에 식용유(2큰술)를 두르고 양념장을 볶다가 홍합과 채소를 넣고 센 불에서 한 번 더 볶아 마무리.

하나둘 자꾸 집어먹게
되는 맛
꼬막찜

겨울철 통통하게 살이 오른
꼬막을 푹 삶아 온 가족이 둘
러앉아 손이나 숟가락으로 꼬
막살을 발라 먹던 기억이 있
어요. 잘 삶아져 벌어진 꼬막
의 틈으로 꼬막살만 쏙 골라
입에 넣으면 짭조름한 바다향
이 입안 가득 퍼지죠.

READY (4인분)

필수 재료 • 꼬막(400g), 굵은 소금(2큰술), 맛술(2큰술)
초고추장 • 식초(2큰술)+고추장(2큰술)+올리고당(1큰술)+매실청(2큰술)

HOW TO MAKE

1

꼬막은 굵은 소금을 넣어 비벼가며 깨끗이 씻고,

2

물에 맛술과 꼬막을 넣어 삶다가 입이 살짝 벌어지면 찬물에 씻어 체에 밭쳐 물기를 빼고,
→ 꼬막을 데칠 때 한 방향으로 계속 저으면 꼬막 살의 육즙이 한쪽으로 몰려 더욱 맛있어져요.

3

데친 꼬막의 뒤쪽에 숟가락을 넣어 한쪽 방향으로 비틀어 껍질 한쪽만 떼어내고,

4

초고추장을 만들고,

5

꼬막살 위에 초고추장을 조금씩 얹어 마무리.

 tip

꼬막 요리팁!

꼬막에 굵은 소금을 넣고 손으로 바락바락 씻은 뒤 2~3번 물에 헹궈야 불순물이 잘 제거돼요. 또한 꼬막을 너무 오래 삶으면 육즙이 빠지고 질겨지니 주의하세요.

전복으로 만드는
고급 장조림
전복장

전복은 피로 회복에 좋아 예로부터 자양강장 식품으로 손꼽혀 왔는데요. 보통 전복 하면 기운 없을 때 죽을 끓여 먹는다는 생각을 하지요. 간장물을 끓여 전복장을 만들어 밑반찬으로 내 보세요. 고급스러운 별미 반찬이 된답니다.

READY (4인분)

필수 재료 • 전복(1kg)
선택 재료 • 붉은고추(½개), 풋고추(½개), 통깨(1작은술)
밑간 • 맛술(3큰술)
간장물 재료 • 마른 붉은고추(2개=20g)+대파(10cm)+양파(½개=50g)+생강(20g)+사과(100g)+마늘(5쪽)+흑설탕(1큰술)+조선간장(3큰술)+
맛간장(3큰술)+다시마물(4컵)+매실청(3큰술)+물엿(½컵)

HOW TO MAKE

1
전복은 껍질에서 떼어내 솔로 깨끗이 씻고,
→ 돌기부분은 약간 잘라주세요.

2
손질한 전복은 10분 정도 밑간하고, 찜통에 넣어 센 불로 2분 정도 찐 뒤 식히고,

3
붉은고추, 풋고추는 어슷 썰고,

4
냄비에 간장물 재료를 넣고 중간 불로 5분 정도 끓이다 약한 불에서 5분 정도 더 끓인 뒤 면포에 간장물을 따로 걸러내고,

5
밀폐용기에 전복을 담고, 간장물을 부어 마무리.
→ 간장물은 2일에 한 번씩 2회 정도 끓여 식힌 뒤 붓기를 반복해주세요. 먹기 직전에 풋고추, 붉은고추를 어슷 썰어 올려 먹으면 더욱 맛있어요.

tip

남은 전복 보관법

남은 전복은 센 불에서 2~3분 쪄낸 후 랩으로 감싼 뒤 냉동 보관해요.

못생겨도 맛은 최고
아귀찜

못생긴 생선 아귀, 쫄깃하면서 부드러운 맛이 일품이지요. 한동안 이 매력에 빠져 아귀찜 잘하는 곳은 모두 다녀볼 정도였어요. 단백질이 풍부한 아귀를 이용하여 많은 요리를 해 보았지만 매콤한 양념장에 미더덕, 미나리, 콩나물이 듬뿍 들어간 아귀찜 맛이 최고더라구요.

READY (4인분)

필수 재료 · 아귀(800g), 미더덕(200g), 콩나물(200g), 대파(10cm), 미나리(1단), 붉은고추(1개), 풋고추(1개)
선택 재료 · 통깨(1큰술)
소금물 · 소금(2큰술), 물(5컵)
양념 · 참기름(1큰술)
양념장 · 고운 고춧가루(6큰술)+찹쌀가루(2큰술)+다시마물($\frac{1}{2}$컵)+맛술(2큰술)+사과즙(2큰술)+양파즙(1큰술)+생강즙(2큰술)+진간장(2큰술)+국간장(2큰술)+다진 마늘(2큰술)+다진 파(1큰술)+물엿(2큰술)+백후춧가루(0.2작은술)

HOW TO MAKE

1 아귀는 먹기 좋은 크기로 잘라 1시간 정도 옅은 소금물에 담가 체에 받쳐 물기를 뺀 뒤 끓는 물에 5분 정도 데치고,
→ 손질한 아귀를 구입하세요.

2 미더덕은 깨끗이 씻어 체에 받쳐 물기를 빼고, 콩나물은 살짝 데쳐 찬물에 씻어 체에 받쳐 물기를 빼고,

3 대파는 어슷 썰고, 미나리는 잎을 뗀 후 깨끗이 씻어 먹기 좋은 길이로 썰고, 붉은고추와 풋고추는 어슷 썰고,

4 양념장을 만들고,

5 팬을 달군 뒤 양념장을 넣어 센 불에서 끓이다 아귀와 콩나물을 넣고,

6 손질한 재료를 모두 넣어 재빨리 볶아 참기름과 통깨를 뿌려 마무리.

5분 완성 건강한
톳 한 접시

톳두부
된장무침

드라마 〈발효가족〉을 촬영할 때 주인공인 송일국 씨가 즐겨 먹었던 메뉴 중 하나예요. 365일 다이어트를 한다는 그는 평소에도 저칼로리, 고단백 영양소인 톳나물 요리를 즐겨왔는데 마침 톳나물두부된장무침이 촬영장 밥상에 올라간 거죠. 그때부터 젓가락을 놓을 수 없다며 정말 맛있게 먹던 모습이 떠오르네요. 만들기도 쉽고 된장과 톳의 조화가 잘 어우러진 건강 반찬을 집에서 즐겨보세요.

READY (4인분)

필수 재료 • 톳(200g), 소금(1작은술), 두부(½모)

양념장 • 고운 고춧가루(2작은술)+다진 마늘(2작은술)+다진 파(2작은술)+재래식 된장(2큰술)+매실청(2큰술)+들기름(2큰술)+부순 참깨(1큰술)

HOW TO MAKE

1

톳은 씻어 끓는 물에 소금을 넣어 재빨리 데쳐 찬물에 씻어 체에 밭쳐 물기를 빼고,
→ 데친 톳은 찬물에 2~3번 헹귀 열을 식혀야 색이 변하지 않아요.

2

먹기 좋은 크기로 썰고,

3

칼 옆면으로 두부를 곱게 으깨고,

4

양념장을 만들고,

5

톳과 두부에 양념장을 골고루 버무려 마무리.

이런 장아찌 처음이라고요?
톳장아찌

톳이 우유에 비해 칼슘이 15배나 더 된다는 사실 알고 계세요? 하지만 톳으로 뭘 어떻게 해 먹어야 할지 고민되는 분도 있을 것 같은데요. 한창 커가는 우리 아이 밥 숟가락 위에 엄마표 톳장아찌 올려 보세요. 오독오독 씹히는 재미있는 식감으로 아이들도 좋아할 거예요.

READY (4인분)

필수 재료 · 톳(800g), 소금(1큰술)

간장물 재료 · 마늘(50g), 생강(10g), 청양고추(10개), 황설탕($\frac{1}{2}$컵), 다시마물(5컵), 진간장($\frac{1}{2}$컵), 조선간장($\frac{1}{2}$컵), 매실청(2컵)

HOW TO MAKE

1	2	3	4

1 톳은 손질 후 끓는 물에 소금을 넣어 재빨리 데쳐 찬물에 씻어 체에 밭쳐 물기를 빼고,
→ 톳은 오래 데치면 질겨지니 살짝만 데쳐주세요.

2 물기를 뺀 톳은 밀폐용기에 담아 두고,

3 냄비에 간장물 재료를 넣고 센 불에 올려 끓어오르면 중간 불에서 10분, 약한 불에서 5분 더 끓여 식히고,

4 톳에 간장물을 부은 뒤 물주머니를 올려 마무리.
→ 하루가 지난 후 간장물을 끓여 식혀 붓고, 3일에 한 번씩 3회 정도 더 부어주세요. 냉장 보관해 한 달 정도 지난 뒤부터 먹어도 좋아요.

달콤 바삭한 추억의 맛
다시마튀각

어릴 적 학교 끝나고 돌아오면 친정 어머니께서 간식으로 다시마튀각을 만들어 주셨던 기억이 있어요. 그때는 지금처럼 먹을 것이 풍부하지 못해 자연에서 나는 재료들이 모두 다 먹을거리였는데요. 특히 다시마를 바삭하게 튀겨 달콤한 설탕을 살살 뿌려 만든 다시마튀각을 제일 좋아했어요. 바삭한 다시마튀각을 한입 베어 물면 짭조름한 바다향과 설탕의 달콤함이 어우러져 절로 어린 시절의 추억이 떠오른답니다.

READY (4인분)

필수 재료 • 다시마(50g), 설탕(적당량)

HOW TO MAKE

1. 다시마 겉면에 묻은 흰색 이물질을 젖은 행주로 닦고,

2. 닦은 다시마는 한입 크기로 자르고,

3. 180℃로 달군 식용유에 다시마를 넣은 뒤 다시마가 부풀어 올라 색이 변할 때까지 튀겨내고,

4. 다시마의 열이 식기 전에 설탕을 뿌려 마무리.
→ 다시마튀각을 상온에 그대로 두면 눅눅해져요. 봉지에 넣어 밀봉한 뒤 보관하세요.
→ 다시마가 식기 전에 설탕을 뿌려야해요.

바다의 향과
맛이 물씬

물미역
생굴
초무침

물미역에 신선한 굴을 곁들여 색다른 초무침으로 즐겨 보세요. 후루룩 목 넘김이 좋은 미역과 알이 꽉 찬 굴을 양념에 함께 버무리면 한입 가득 바다의 싱그러움을 느낄 수 있어요. 여기에 매실로 맛을 낸 상큼한 소스와 레몬이 더해져 비린맛까지 확 잡아주어 새콤달콤 싱그러운 맛을 느낄 수 있답니다.

READY (4인분)

필수 재료 • 굴(200g), 물미역(200g), 소금(2큰술), 오이(1개=150g), 무(30g)
선택 재료 • 레몬($\frac{1}{2}$개)
소금물 • 소금(1큰술), 물(4컵)
소스 • 국간장(1큰술)+식초(2큰술)+다시마물(5큰술)+매실청(2큰술)+올리고당(1큰술)
양념 • 고춧가루(0.5작은술), 고추냉이(0.5작은술)

HOW TO MAKE

1 굴은 소금물에 담가 가볍게 씻은 뒤 체에 밭쳐 물기를 빼고,

2 윗대 5cm 정도 잘라낸 물미역을 끓는 물에 소금(1큰술)을 넣어 재빨리 데친 뒤 찬물에 씻어 체에 밭쳐 물기를 빼고,

3 레몬은 깨끗이 씻어 노란 껍질 부분만 곱게 채 썰고, 오이는 찬물에 깨끗이 씻은 뒤 모양대로 얇게 썰어 소금(1큰술)을 넣고 30분간 절여 물기를 꼭 짜고,
→ 오이는 굵은 소금으로 비벼 닦아낸 뒤 흐르는 물에 씻어요.

4 무는 강판에 곱게 갈아 체에 밭쳐 물기를 빼고,

5 소스를 만들어 냉장 보관하고,

6 그릇에 굴과 물미역, 오이를 가지런히 담은 뒤 소스를 붓고, 무와 고춧가루, 고추냉이를 곁들이고 곱게 채 썬 레몬으로 장식해 마무리.

입맛을 깨우는
향긋한 바다내음
파래무침

바다의 향이 물씬 느껴지는 파래. 선명한 색감만 봐도 절로 신선함이 느껴져요. 파래는 새콤달콤한 양념장에 살짝 버무려 먹어야 본연의 맛을 잘 느낄 수 있답니다. 무를 곱게 채 썰어 함께 무쳐 보세요. 아삭함은 물론 씹을수록 달콤함이 느껴져 입맛을 살려준답니다.

READY (4인분)

필수 재료 • 생파래(1묶음=100g), 소금(1작은술), 무($\frac{1}{4}$토막=50g)

양념장 • 볶은 소금(1작은술)+식초(2큰술)+다진 마늘(2작은술)+다진 파(2작은술)+매실청(2큰술)+부순 참깨(2작은술)

HOW TO MAKE

1

생파래는 소금을 넣고 주물러 찬물에 2~3번 헹궈 물기를 짜고,
→ 이물질이 섞여 있을 수 있으니 찬물에 흔들어 가며 여러 번 씻어요.

2

먹기 좋은 크기로 썰고,

3

무는 곱게 채 썰고,

4

양념장을 만들고,

5

파래와 무에 양념장을 넣고 골고루 버무려 마무리.

한 장씩 골라 먹는
짭조름한

김장아찌

김을 잘못 보관해 눅눅해졌지만 버리기는 아까울 때, 혹은 김을 너무 많이 사서 처치 곤란일 때 있으셨죠? 버리지도 못하고 빠른 시일 내에 먹지도 못할 김을 가지고 있다면 만드는 법도 간단하고 맛도 좋은 색다른 김 요리는 어떠세요? 김의 풍미와 간장 양념이 잘 어우러져 입맛이 살아난답니다.

READY (4인분)

필수 재료 • 마른 김(50장)

간장물 재료 • 마늘(10쪽), 양지육수(5컵), 다시마간장(½컵), 맛술(3큰술), 멸치액젓(2큰술), 쌀엿(½컵)

→ 양지육수 만드는 법은 23p를 참고하세요.
→ 다시마간장 만드는 법은 16p를 참고하세요.

HOW TO MAKE

1
마른 김은 ⅓크기로 잘라 밀폐용기에 담고,
→ 마른 김은 지푸라기 등 이물질이 붙어 있는 경우가 있으니 확인해서 미리 잡티를 제거해 준비하세요.

2
냄비에 간장물 재료를 넣고 센 불에 올려 끓어오르면 중간 불에서 10분, 약한 불에서 5분 정도 끓여 식힌 뒤 면포에 간장물을 따로 걸러내고,

3
김에 간장물을 넉넉히 붓고,

4
김이 떠오르지 않도록 위에 물주머니를 올려 마무리.
→ 간장물을 끓여 식혀 붓고 일주일 뒤부터 냉장 보관해 먹어요. 상에 내기 전 채 썬 붉은고추나 참기름(약간), 들기름(약간), 통깨(약간)를 곁들이면 더욱 맛있어요.

tip

김 보관법!

김은 습도에 예민하기 때문에 신문지나 한지에 싸서 서늘한 곳에 보관해 주세요. 지퍼백에 김을 가지런히 넣고 신문지나 한지로 감싸 서늘한 곳에 보관해도 좋아요. 냉장고에서 보관하면 눅눅해지니 주의하세요.

PART 4
every day

든든한 고기

고기는 인류의 역사에서 가장 사랑받는 식재료 중 하나가 아닐까요. 한국 역사 일찍부터 고기 요리가 발달하여 부위마다 다른 맛과 영양에 맞는 조리법을 연구해 왔지요. 고기 파트에는 버리는 부분 없이 모든 부위를 적절히 요리해 먹어 왔던 조상님들의 지혜를 바탕으로 친숙한 요리부터 현대인의 입맛에 맞도록 연구한 요리, 웰빙 부위 요리까지 다양한 고기 요리 레시피를 담았습니다.

손님상에 제격
육전

우리나라 고급 전 중의 하나인 육전은 예부터 집안의 대소사나 손님 접대에 빠지지 않던 귀한 음식입니다. 기름기 없는 홍두깨나 우둔살에 양념하여 찹쌀가루 혹은 부침가루 옷을 입힌 후 달걀물을 묻혀 전을 부쳐내는데, 고급스러우면서 고소한 맛이 일품이랍니다. 단아하게 담아낸 담음새가 더욱 고급스러워 보입니다.

READY (4인분)

필수 재료 • 쇠고기(우둔살, 400g), 달걀(2개), 부침가루(1컵)
→ 우둔살 대신 홍두깨살로 만들어도 좋아요.

선택 재료 • 쪽파(2대)

밑간 • 마늘즙(1큰술), 맛술(1큰술), 간장(2큰술), 참기름(2큰술), 후춧가루(0.5작은술)

초간장 • 설탕(2작은술)+간장(1큰술)+식초(2작은술)+레몬즙(1작은술)

HOW TO MAKE

1

쇠고기는 얇게 썰어 키친타월로 핏물을 제거하고,

2

쇠고기의 가장자리가 오그라들지 않도록 방망이로 살살 두들겨 10분 정도 밑간하고,
→ 방망이나 칼등을 이용해 두들겨요.

3

쪽파는 모양대로 송송 썰고,

4

달걀물을 만들고, 밑간한 쇠고기에 부침가루→달걀물 순으로 입히고,

5

초간장을 만들고,

6

팬에 식용유(1큰술)를 두르고 중간 불에 쇠고기를 올려 앞뒤로 노릇하게 지져낸 뒤 쪽파를 올리고 초간장을 곁들여 마무리.

입안 가득
쫄깃쫄깃

쇠고기 코다리 조림

코다리는 찬바람 부는 겨울에 제격이에요. 얇게 포를 뜬 쇠고기를 노릇하게 지져 코다리와 각종 채소를 곁들여 함께 싸 먹는 형태인데요, 맛은 물론 모양까지 예뻐 특별한 날 선보이기 좋은 한 접시 요리랍니다.

READY (4인분)

필수 재료 · 쇠고기(우둔살, 200g), 코다리(2마리), 미나리(30g), 소금(1작은술)

선택 재료 · 무순(10g), 팽이버섯(20g)

양념장 · 고운 고춧가루(1작은술)+간장(1큰술)+파인애플즙(1큰술)+맛술(1큰술)+물(4큰술)+다진 풋고추(1작은술)+다진 붉은고추(1작은술)+
다진 마늘(2작은술)+고추장(1작은술)+참기름(2작은술)+백후춧가루(0.2작은술)

밑간 · 간장(1큰술), 배즙(1큰술), 맛술(2작은술), 참기름(1작은술)

코다리 밑간 · 맛술(1큰술)

HOW TO MAKE

1 양념장을 만들고, 쇠고기는 얇고 넓적하게 썰어 키친타월로 가볍게 눌러 핏물을 제거한 뒤 10분 정도 밑간하고,

2 코다리는 머리, 꼬리, 지느러미를 제거하고, 반으로 잘라 뼈를 손질하고, 물에 10분 정도 불려 물기를 짠 뒤 먹기 좋은 크기로 토막내 코다리 밑간하고,

3 미나리는 잎을 떼 손질한 뒤 소금을 넣은 끓는 물에 재빨리 데쳐 찬물에 씻고, 체에 밭쳐 물기를 빼고,

4 팬에 양념장과 코다리를 넣고 중간 불로 양념장이 자작해질 때까지 조려 꺼내고,

5 마른 팬에 쇠고기를 올려 앞뒤로 노릇하게 굽고,

6 쇠고기를 한 장씩 펴 조린 코다리, 무순, 팽이버섯을 올려 말고 미나리로 묶어 마무리.

→ 무순은 씻어 준비하고 팽이버섯은 밑둥을 잘라 준비해요.

롤핑거 스타일로
즐기는

쇠고기 찹쌀구이

외국 생활을 하던 딸이 저녁 늦게 전화해 파티에 적합한 요리를 묻더라고요. 그냥 쇠고기를 구워 먹는 건 평범하니 찹쌀가루를 적당히 묻혀 굽고, 갖가지 채소를 곁들인 쇠고기찹쌀구이를 추천했어요. 한입 크기로 썰어 접시에 보기 좋게 담으면 오며 가며 쉽게 집어 먹을 수 있는 롤핑거푸드로 손색없거든요.

READY (4인분)

필수 재료 • 쇠고기(홍두깨살, 200g), 붉은피망($\frac{1}{2}$개), 청피망($\frac{1}{2}$개), 노란 파프리카($\frac{1}{2}$개), 깻잎(5장), 무순(약간), 찹쌀가루(1컵)
밑간 • 배즙(2큰술), 간장(2큰술), 마늘즙(1큰술), 다진 파(1큰술), 참기름(1큰술)
겨자잣소스 • 잣가루(2큰술)+파인애플즙(2큰술)+식초(2큰술)+연겨자(1큰술)+꿀(2작은술)+소금(0.2작은술)

HOW TO MAKE

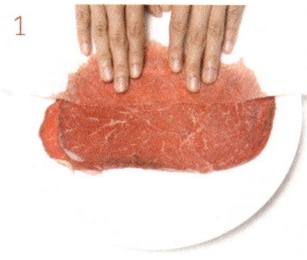

1 쇠고기는 얇게 썰어 키친타월로 핏물을 제거하고,

2 쇠고기의 가장자리가 오그라들지 않도록 방망이로 살살 두들겨 10분 정도 밑간하고,
→ 방망이나 칼등을 이용해 두들겨요.

3 붉은피망, 청피망, 노란 파프리카는 씨를 도려낸 후 곱게 채 썰고, 깻잎은 곱게 채 썰고, 무순은 흐르는 물에 씻어 물기를 빼 준비하고,

4 쇠고기에 찹쌀가루를 앞뒤로 묻힌 뒤 팬에 식용유(1큰술)를 두르고 중간 불로 노릇하게 앞뒤로 굽고,
→ 찹쌀가루 옷이 벗겨지지 않도록 쇠고기에 꾹꾹 눌러가며 묻혀요.

5 겨자잣소스를 만들고, 그릇에 쇠고기와 손질한 재료를 보기 좋게 담아 겨자잣소스를 곁들여 마무리.

된장소스로 맛을 낸
한국식 샐러드

된장소스 차돌박이 봄동무침

봄에 흔히 볼 수 있는 봄동과 많은 사람들이 좋아하는 차돌박이를 구수한 된장소스에 버무려 만든 한국식 샐러드라고 할 수 있지요. 차돌박이의 기름기를 봄동이 싹 잡아 주어 자칫 느끼할 수 있는 맛의 밸런스를 맞췄답니다.

READY (4인분)

필수 재료 • 쇠고기(차돌박이, 200g), 봄동(100g), 깻잎(10장), 대파(흰 부분, 5cm), 붉은고추(1개)
밑간 • 파인애플즙(2큰술), 맛술(1큰술), 마늘즙(1큰술), 후춧가루(0.5작은술)
양념장 • 고춧가루(1큰술)+배즙(2큰술)+간장(1큰술)+참치액젓(1큰술)+다진 마늘(1큰술)+매실청(2큰술)+참기름(1큰술)+통깨(1큰술)
차돌박이 양념장 • 고운 고춧가루(2작은술)+마늘즙(1큰술)+물(⅓컵)+된장(2큰술)+올리고당(2작은술)

HOW TO MAKE

1

쇠고기는 키친타월로 핏물을 제거한 뒤 10분 정도 밑간하고,

2

봄동은 깨끗이 씻어 먹기 좋은 크기로 썰고, 깻잎, 대파, 붉은고추는 채 썰고,

3

양념장을 만들고,

4

봄동, 깻잎, 대파, 붉은고추에 양념장을 골고루 버무리고,

5

차돌박이에 차돌박이 양념장을 발라 앞뒤로 노릇하게 굽고,
→ 차돌박이는 기름이 많이 나오므로 구운 후 키친타월로 기름기를 제거해 주세요.

6

그릇에 차돌박이를 돌려 담고, 가운데 버무린 채소를 올려 마무리.

밀전병에
돌돌 말아먹는
쇠고기 오절판

어느 부위나 매력적인 맛을 자랑하는 쇠고기는 조리법에 따라 천차만별의 맛을 내지요. 그래서 언제나 관심을 두고 연구하는 식재료 중 하나랍니다. 쇠고기의 부위 중 우둔살로 어떤 요리를 만들 수 있을까 고민하다 나온 메뉴가 바로 오절판이에요. 밀전병 대신 얇게 썰어 부친 우둔살에 각종 채소를 넣어 돌돌 말고 겨자 소스를 곁들이면 산뜻한 맛을 즐길 수 있어요.

READY (4인분)

필수 재료 • 쇠고기(우둔살, 400g), 대추(6알), 밤(7알), 당근(100g), 깻잎(10장)

밑간 • 간장(2큰술), 맛술(1큰술), 파인애플즙(1큰술), 참기름(1작은술), 후춧가루(0.2작은술)

겨자잣소스 • 잣가루(2큰술)+파인애플즙(2큰술)+식초(2큰술)+연겨자(1큰술)+꿀(2작은술)+소금(0.2작은술)

HOW TO MAKE

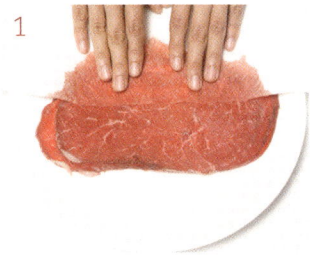

1

쇠고기는 얇게 썰어 키친타월로 핏물을 제거하고,

2

쇠고기는 10분 정도 밑간하고,

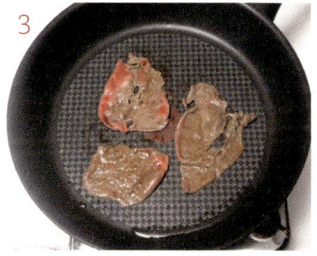

3

팬에 식용유(1큰술)를 두르고 중간 불로 쇠고기를 앞뒤로 재빨리 구워내고,

4

대추는 돌려 깎아 곱게 채 썰고, 밤과 당근, 깻잎은 곱게 채 썰고,

5

팬에 식용유(0.5큰술)를 두르고 중간 불로 깻잎을 제외한 모든 재료를 재빨리 각각 볶아내고,

6

겨자잣소스를 만들고, 쇠고기 위에 채 썬 재료를 적당량 올려 돌돌 말아 겨자잣소스를 곁들여 마무리.

담백한 쇠고기와
달콤한 단호박의 만남!

쇠고기 단호박 전병

단호박을 넣어 부친 전병에 쇠고기와 아삭한 청오이, 쫄깃한 칵테일새우를 올려 한입 가득 다채로운 맛을 느낄 수 있어요. 넓은 접시에 모든 재료를 보기 좋게 둘러 담으면 먹음직스러운 재료의 색깔이 한눈에 보여 입맛을 더욱 돋운답니다.

READY (4인분)

필수 재료 • 단호박(250g), 청오이(2개), 소금(1큰술), 칵테일새우(100g), 쇠고기(목심, 200g)
반죽 재료 • 녹말가루(1작은술), 밀가루(1컵), 달걀흰자(1개 분량)
밑간 • 간장(2큰술), 올리고당(1작은술), 참기름(1작은술), 후춧가루(⅓작은술)
겨자잣소스 • 잣가루(2큰술)+파인애플즙(2큰술)+식초(2큰술)+연겨자(1큰술)+꿀(2작은술)+소금(0.2작은술)

HOW TO MAKE

1

단호박은 껍질과 씨를 제거하고, 찜통에 넣어 중간 불로 20분 정도 찌고,

2

블렌더에 단호박과 물(⅔컵)을 넣어 곱게 간 뒤 반죽 재료를 넣고 잘 섞어 단호박반죽을 만들고,

3

겨자잣소스를 만들고,

4

마른 팬에 식용유(1작은술)를 살짝 두른 뒤 단호박반죽을 떠 올리고 중간 불로 얇게 부쳐 식히고,
→ 전병이 타지 않도록 불 조절에 유의하세요.

5

팬에 식용유를 적당량 두르고 센 불로 오이와 새우, 밑간한 쇠고기를 각각 재빨리 볶고,
→ 오이는 모양대로 썰고 소금(1작은술)을 넣어 절인 뒤 물기를 꼭 짜주세요.
→ 쇠고기는 키친타월로 핏물을 제거한 뒤 곱게 채 썰어 준비하세요.

6

그릇에 단호박전병을 반으로 접어 볶은 재료와 함께 보기 좋게 담고 겨자잣소스를 곁들여 마무리.

구수한 된장양념으로
맛을 낸

시래기 된장 사태조림

한우협회에서 활동하며 한우에 관한 음식 연구를 오랫동안 해왔어요. 웰빙 부위라 손꼽히는 사태, 홍두깨, 우둔, 앞다리 살을 연구하면서 개발한 요리예요. 관심은 높은 반면에 관련 레시피는 적은 편이었던 사태를 겨울철 시래기 된장과 함께 지져 썹을 때마다 된장을 머금은 육즙이 풍부하게 느껴져 어우러짐이 일품인 요리랍니다.

READY (4인분)

필수 재료 • 쇠고기(아롱사태, 600g), 시래기(300g)
선택 재료 • 통깨(1큰술)
고기 삶는 재료 • 간장(3큰술), 맛술(2큰술), 대파(5cm), 마늘(5쪽), 무($\frac{1}{2}$토막)
된장양념장 • 고춧가루(1큰술)+물(4컵)+다진 파(1큰술)+다진 마늘(2큰술)+재래식 된장(3큰술)+올리고당(2큰술)+설탕(1큰술)
양념 • 들기름(1큰술)

HOW TO MAKE

1

쇠고기는 찬물에 10분 정도 담가 핏물을 제거하고, 냄비에 쇠고기를 넣어 고기가 잠길 정도의 물을 부어준 후 센 불에서 끓어 오르면 1~2분 후 건져내고.
→ 쇠고기를 완전히 익히기 전 살짝 데쳐 기름기를 제거하는 과정이에요.

2

냄비에 고기 삶는 재료와 쇠고기를 넣어 중간 불로 30분 정도 삶아 고기를 건져 먹기 좋은 크기로 썰고,

3

끓는 물에 시래기를 넣어 재빨리 데쳐낸 뒤 겉껍질을 벗겨 먹기 좋은 길이로 썰고,

4

된장양념장을 만들고,

5

냄비에 쇠고기, 삶은 시래기, 된장양념장을 넣고 중간 불로 국물이 자작해질 때까지 조린 뒤 들기름, 통깨를 뿌려 마무리.
→ 매콤한 맛을 원한다면 청양고추를 어슷 썰어 넣어도 좋아요.

 tip

아롱사태 활용법

아롱사태는 육질이 단단하고 기름기가 없어 조림이나 편육에 사용하기 좋아요. 또한 삶으면 삶을수록 연해지기 때문에 찜 요리 외에 아롱사태를 삶아 편육냉채로 먹어도 아주 맛있어요.

한입 베어 물면
고소한 견과류가 한가득
견과류 떡갈비

일본 고베영사관과 함께 오카야마에서 한식 행사를 가진 적이 있습니다. 견과류가 들어 있어 고소함이 배가 된 떡갈비는 큰 호평을 받았지요. 부드러운 고깃살은 그대로 살리고 여러 종류의 견과류를 다져 넣어 영양을 더한 견과류떡갈비는 한입 베어 물면 촉촉한 육즙과 함께 고소한 견과류가 입안을 맴돌아 모두를 만족시킬 수 있는 최고의 메뉴랍니다.

READY (2인분)

필수 재료 · 쇠고기(갈빗살, 400g), 양파(½개=100g), 소금(1작은술), 대추(5알), 견과류(땅콩, 호두, 잣 약간씩), 수삼(50g)

양념장 · 맛술(1큰술)+배즙(1큰술)+파인애플즙(2큰술)+간장(3큰술)+다진 마늘(1큰술)+다진 파(1큰술)+꿀(1큰술)+참기름(1큰술)+후춧가루(0.5작은술)

HOW TO MAKE

1

쇠고기는 키친타월로 핏물을 제거한 뒤 곱게 다지고,

2

양파는 곱게 다져 소금을 넣어 절인 뒤 물기를 꼭 짜고, 대추는 돌려 깎아 씨를 뺀 뒤 곱게 다지고, 견과류와 수삼도 곱게 다지고,

3

양념장을 만들고,

4

다진 쇠고기에 양념장을 넣고 잘 치댄 뒤 동그랗게 빚어 가운데를 움푹하게 만들어 다진 속재료를 넣어 모양을 잘 만들고,

→ 떡갈비를 더 다양하게 즐기고 싶다면 볶은 김치나 떡을 올려도 좋아요.

5

팬에 식용유를 적당량 둘러 떡갈비를 올리고 약한 불로 앞뒤를 노릇하게 구워 마무리.

→ 오븐을 사용할 경우 180℃로 예열된 오븐에 15~20분 정도 구워요.

집에서 만들기
어렵지 않아요.

갈비탕

갈비탕은 집에서 만들어 먹기
는 조금 부담스러운 메뉴로
생각되기 십상이에요. 쉽게
만들어 먹는 영양만점 갈비탕
을 소개합니다. 생각보다 쉽
고 간단한 과정에 한 번 놀라
고 사 먹는 것 못지않은 깊고
진한 국물 맛에 두 번 놀라요.

READY (4인분)

필수 재료 • 소갈비(2kg), 밤(4알), 대추(8알)
선택 재료 • 대파(5cm), 달걀(1개)
고기 삶는 재료 • 대파(10cm), 마늘(6쪽), 무(1토막=200g)
양념 • 국간장(2큰술)

HOW TO MAKE

1

소갈비는 찬물에 30분 정도 담가 핏물을 빼고,

2

냄비에 소갈비를 넣어 갈비가 잠길 정도의 물을 부어준 후 센 불에서 끓어오르면 1~2분 후 건져 내어 깨끗이 씻고,
→ 소갈비를 완전히 익히기 전 살짝 삶아 기름기를 제거하는 과정이에요.

3

대파는 송송 썰고, 밤은 끓는 물에 살짝 삶고, 대추는 깨끗이 씻고, 약한 불로 달군 팬에 달걀 흰자와 노른자를 각각 넓게 펴 부친 뒤 곱게 채 썰어 지단채를 만들고,

4

냄비에 물(8컵)과 고기 삶는 재료, 소갈비를 넣어 뚜껑을 연 상태로 센 불로 30분 정도 끓이고,
→ 중간에 거품이 떠오르면 그때그때 제거하고, 물이 부족할 경우 조금씩 더 보충해 주세요.
→ 뚜껑을 열고 삶으면 고기의 잡냄새가 제거돼요.

5

끓어오르면 중간 불로 줄여 30분 정도 더 끓이다 국간장으로 간하고,

6

그릇에 갈비와 밤, 대추를 담고 국물을 부은 뒤 대파와 지단채를 얹어 마무리.

한국대표요리의
이색 만남

불고기 김치 샐러드

2008년 드라마 <식객>에서 음식감독을 할 때 한식 재료를 골고루 사용하면서도 세련된 느낌의 요리를 준비해야 했어요. 세계인 모두가 인정하는 불고기와 김치를 유자청으로 만든 소스와 버무려 먹는 한식 샐러드를 드라마에 선보였어요. 요즘 외국인들에게 인기 많은 샐러드 중 하나랍니다.

READY (4인분)

필수 재료 • 쇠고기(목심, 200g), 양상추(10장), 토마토(½개), 오이(½개=80g), 통조림 파인애플(2쪽), 신김치(¼포기=250g)
쇠고기밑간 • 간장(2큰술), 맛술(2큰술), 파인애플즙(2작은술), 마늘즙(2작은술), 매실청(2작은술), 후춧가루(0.5작은술)
신김치밑간 • 설탕(1작은술), 참기름(2작은술), 후춧가루(0.2작은술)
유자청소스 • 소금(1작은술)+레몬즙(4큰술)+파인애플즙(2큰술)+다진 풋고추(1작은술)+다진 붉은고추(1작은술)+연겨자(2작은술)+
유자청(2큰술)+꿀(2작은술)

HOW TO MAKE

1

쇠고기는 얇게 썰어 키친타월로 핏물을 제거한 뒤 10분 정도 쇠고기밑간하고,
→쇠고기를 불고기감으로 사용할 경우 기름기는 꼭 제거하세요.

2

밑간한 쇠고기를 센 불로 재빨리 볶아 식히고,

3

양상추는 손으로 찢어 찬물에 담갔다 체에 밭쳐 물기를 빼고,

4

토마토와 오이는 모양대로 썰고, 파인애플은 먹기 좋은 크기로 썰고,

5

신김치는 먹기 좋은 크기로 썰어 신김치밑간하고, 팬에 식용유(2작은술)를 둘러 센 불로 재빨리 볶아 식히고,

6

유자청소스를 만들고, 그릇에 준비한 재료를 보기 좋게 담아 유자청소스를 뿌려 마무리.
→유자청 대신 매실청을 사용해도 맛이 좋아요.

거친 속 풀어 주는
최고의 국물 한입

쇠고기 뭇국

《식객》의 음식 감독을 할 때 여러 배우들이 제 연구소에 와서 요리 연습을 기본 3개월씩 했습니다. 요리 수업의 시작인 칼 다루는 연습에서는 거의 무를 사용하는데 매번 연습이 끝나면 무로 만드는 다양한 요리를 가르쳤지요. 그중 배우 임원희 씨가 가장 좋아했던 메뉴가 쇠고기뭇국이에요. 무의 시원함과 쇠고기의 깊은 맛이 어우러져 일품이랍니다.

READY (4인분)

필수 재료 • 쇠고기(양지머리, 300g), 무(2토막)
선택 재료 • 대파(3cm)
양념 • 참기름(1큰술), 국간장(3큰술), 다진 마늘(2작은술), 후춧가루(0.2작은술)

HOW TO MAKE

1 쇠고기는 먹기 좋은 크기로 썰어 키친타월로 핏물을 제거하고,

2 무는 나박 썰고, 대파는 송송 썰고,

3 달군 냄비에 참기름을 두르고 쇠고기, 국간장을 넣어 중간 불로 3분 정도 볶고,

4 물(4컵)을 부어 센 불에서 10분 정도 끓이고,

5 무와 다진 마늘, 후춧가루를 넣고 불을 줄여 중간 불에서 20분 정도 더 끓인 뒤 대파를 넣어 마무리.

고급 한정식
부럽지 않은

차돌박이 콩된장찌개

평범한 된장찌개에 차돌박이만 넣어도 그 맛과 모양새가 고급 한정식 집에서 먹던 된장찌개 못지않답니다. 국물에 차돌박이를 넣어 먹으면 자칫 느끼해지지 않을까 고민되기도 할 텐데요. 삶은 콩을 넣으면 느끼함과 짠맛을 잡아 주어 구수하면서 담백한 맛이 된답니다. 차돌박이와 된장이 어우러진 감칠맛 나는 된장찌개로 즐거운 식탁을 만들어 보세요.

READY (2인분)

필수 재료 • 쇠고기(차돌박이, 200g), 애호박(100g), 새송이버섯(50g), 청양고추(2개), 두부(½모), 콩(백태, ½컵), 다시마물(4컵)
양념장 • 고춧가루(2작은술)+물(5컵)+다진 마늘(1큰술)+다진 파(1큰술)+된장(3큰술)

HOW TO MAKE

1

쇠고기는 먹기 좋은 크기로 썰고,

2

애호박, 새송이버섯은 먹기 좋은 크기로 썰고, 청양고추는 어슷 썰고,

3

두부는 깍둑 썰고, 삶은 콩은 껍질을 벗겨 두고,

→ 콩은 깨끗이 씻어 3시간 정도 불린 후 중간 불에서 10분 정도 삶아 준비하세요.

4

양념장을 만들고,

5

냄비에 다시마물을 넣고 중간 불로 끓이다가 양념장과 손질한 애호박, 새송이버섯, 두부, 쇠고기를 넣어 한 번 더 끓이고,

6

끓어오르면 백태를 넣어 5분 정도 더 끓인 뒤 청양고추를 넣어 마무리.

→ 된장찌개에 삶은 백태를 넣으면 염도가 낮아지고 씹는 맛도 살아나요.

살코기를 쪽쪽
빨아 먹게 만드는
등갈비찜

등갈비는 특유의 재미난 모양새와 맛 때문에 손님상에 자주 내는 요리 중 하나예요. 등갈비를 잘 손질해 매콤한 고추장 양념에 재워 조려내면 등갈비의 부드러운 속살에 양념이 골고루 배어 모두의 입맛을 사로잡을 수 있답니다.

READY (4인분)

필수 재료 • 돼지 등갈비(2kg)

선택 재료 • 통깨(1큰술)

고기 삶는 재료 • 월계수잎(2~3장), 통생강(50g), 통후추(10g), 맛술($\frac{1}{4}$컵)

양념장 • 흑설탕(2큰술)+고운 고춧가루(1큰술)+사과즙(1컵)+파인애플즙($\frac{1}{2}$컵)+마늘즙(3큰술)+생강즙(3큰술)+양파즙(3큰술)+간장(5큰술)+생수($\frac{1}{4}$컵)+고추장(3큰술)+올리고당(3큰술)

양념 • 참기름(1큰술)

HOW TO MAKE

1

등갈비는 찬물에 1시간 정도 담가 핏물을 제거하고,
→ 핏물을 제거해야 등갈비의 잡냄새가 안 나요.

2

냄비에 등갈비를 넣어 등갈비가 잠길 정도의 물을 부어준 후 센 불에서 끓어오르면 1~2분 후 등갈비를 건져내 깨끗이 씻고,

3

냄비에 등갈비와 등갈비가 잠길 정도의 물, 고기 삶는 재료를 넣어 센 불로 20분 정도 삶은 뒤 등갈비만 건지고,

4

양념장을 만들고,

5

오목한 팬에 양념장과 등갈비를 넣어 중간 불로 양념장이 자작해질 때까지 윤기나게 조린 뒤 참기름, 통깨를 뿌려 마무리.

원조 숯불구이의
맛을 그대로

맥적

맥적은 숯불구이의 원조 격이라 할 수 있는데요. 고구려 때부터 먹기 시작했다는 설이 있을 정도로 오랜 역사와 전통이 있는 요리입니다. 기름기가 적은 돼지 목살을 두툼하게 저민 후 된장 양념에 재워 노릇하게 구워내면 맛있는 냄새에 침부터 가득 고이지요. 여기에 부추와 달콤한 파인애플을 곁들이면 또 다른 느낌으로 즐길 수 있답니다.

READY (4인분)

필수 재료 • 돼지고기(목살, 400g), 파인애플(4쪽), 부추(100g)
밑간 • 맛술(1큰술)
양념장 • 고운 고춧가루(1작은술)+국간장($\frac{1}{2}$작은술)+맛술(1큰술)+물(3큰술)+다진 마늘(1작은술)+다진 풋고추(1작은술)+ 다진 붉은고추(1작은술)+된장(1큰술)+올리고당(2큰술)+참기름(0.5큰술)+통깨(1작은술)

HOW TO MAKE

1

돼지고기는 키친타월로 핏물을 제거한 뒤 20분 정도 밑간하고,
→ 맛술로 돼지고기를 밑간하면 잡냄새도 제거되고 육질도 부드러워져요.

2

파인애플은 살짝 구워 먹기 좋은 크기로 썰고, 부추는 깨끗이 씻어 먹기 좋은 크기로 썰어 팬에 식용유를 두르고 살짝 볶아두고,

3

양념장을 만들고,

4

양념장에 돼지고기를 넣어 골고루 버무린 뒤 1시간 정도 재우고,

5

팬에 식용유(1큰술)를 두르고 중간 불로 돼지고기를 앞뒤로 굽고,
→ 양념이 타지 않게 주의하세요.
→ 180℃로 예열한 오븐에서 20분 정도 구워도 좋아요. 단, 중간중간 양념장을 발라가며 구워요.

6

돼지고기를 먹기 좋은 크기로 썬 뒤 그릇에 돼지고기, 부추, 파인애플을 보기 좋게 담아 마무리.

주꾸미와 삼겹살의
맛있는 조화

주꾸미 삼겹살 볶음

스트레스를 풀고 싶을 땐 매콤한 양념장으로 볶아낸 주꾸미삼겹살볶음을 추천할게요. 주꾸미와 담백하고 고소한 삼겹살은 최고의 조합이지요. 상추쌈으로 즐겨도 좋고 밥 위에 푸짐하게 얹어 쓱쓱 비벼먹어도 맛있답니다. 남은 재료를 잘게 자른 뒤 김가루를 솔솔 뿌려 밥과 볶아 볶음밥으로도 즐겨 보세요.

READY (4인분)

필수 재료 • 삼겹살(300g), 주꾸미(300g), 굵은 소금(1큰술), 녹말가루(2작은술), 붉은고추(1개), 풋고추(1개), 대파(5cm), 양파($\frac{1}{2}$개=100g)
선택 재료 • 깻잎(2장), 통깨(1큰술)
밑간 • 맛술(1큰술), 생강즙(2작은술)
양념장 • 고운 고춧가루(2큰술)+사과즙(3큰술)+양파즙(1큰술)+생강즙(1큰술)+간장(2큰술)+맛술(1큰술)+다진 마늘(1큰술)+다진 파(1큰술)+고추장(1큰술)+고추기름(1큰술)+후춧가루(0.5작은술)

HOW TO MAKE

1

삼겹살은 얇게 썬 뒤 20분 정도 밑간하고,

2

주꾸미는 먹물을 손질하여 굵은 소금을 넣어 바락바락 주물러 깨끗이 씻고 끓는 물에 재빨리 데쳐내 물기를 빼고 녹말가루를 살짝 묻히고,
→ 주꾸미의 크기가 큰 것은 반으로 잘라 주세요.

3

붉은고추, 풋고추, 대파는 어슷 썰고, 깻잎은 곱게 채 썰고, 양파는 반달 썰고,

4

양념장을 만들고,

5

팬에 양념장을 넣고 센 불에 올려 끓어오르면 양파를 넣어 볶다 삼겹살, 주꾸미, 붉은고추, 풋고추, 대파를 넣어 재빨리 볶고,
→ 봄 주꾸미로 요리를 할 경우에는 먹물이 많이 나와 양념 색이 탁해질 수 있으니 머리를 따로 잘라 데친 다음 마지막에 넣고 재빨리 볶아 주세요.

6

양념장이 자작하게 줄어들면 채 썬 깻잎을 넣고 통깨를 뿌려 마무리.

푸짐하게 즐기는
엄마의 손맛
통삼겹 김치찜

김치찜은 어릴 적 친정어머니께서 해 주시던 추억의 요리예요. 친정어머니는 적당히 비계가 붙어있는 통삼겹살과 잘 익은 묵은지를 큰 솥에 넣어 함께 푹 쪄 주셨는데요. 손으로 쭉쭉 찢은 묵은지와 부드러운 살코기 한 점을 밥 위에 올려 먹으면 세상을 다 가진 양 행복해 했던 기억이 나네요.

READY (4인분)

필수 재료 · 통삼겹(600g), 대파(5cm), 붉은고추(1개), 풋고추(1개), 신김치($\frac{1}{2}$포기=500g)
선택 재료 · 통깨($\frac{1}{2}$큰술)
고기 삶는 재료 · 대파(5cm), 양파(1개=200g), 마늘(5쪽), 생강(2쪽=20g), 간장(5큰술)
양념장 · 찹쌀가루(1큰술)+고운 고춧가루(1큰술)+생강즙(1큰술)+양파즙(1큰술)+맛간장(3큰술)+다진 마늘(2큰술)+올리고당(1큰술)+물(3컵)

HOW TO MAKE

1 통삼겹은 깨끗하게 손질하고, 찬물에 1시간 정도 담가 핏물을 제거하고,
→ 삼겹살은 지방이 적고 살코기가 많은 것이 좋아요.

2 냄비에 통삼겹이 잠길 정도의 물과 고기 삶는 재료, 통삼겹을 넣어 센 불로 30분 정도 삶은 뒤 고기를 건지고,

3 대파와 붉은고추, 풋고추는 어슷 썰고, 신김치는 속을 털어내고,
→ 묵은지로 요리하면 맛이 더욱 좋아요.

4 양념장을 만들고,

5 냄비에 통삼겹과 양념장을 넣어 중간 불로 국물이 자작해지도록 조리다 통깨를 뿌려 마무리.

한국인이라면
누구나 사랑하는
돼지고기 김치찌개

제가 가장 좋아하는 음식이 무엇이냐는 질문을 자주 받는데요. 그럴 때마다 전 망설임 없이 '김치찌개'를 꼽습니다. 돼지 목살이나 뒷다리살을 듬성듬성 썰어 넣은 김치찌개는 한국인이라면 누구라도 좋아하는 음식이지요. 특히 제 남편은 이 찌개만 있으면 다른 반찬이 필요 없을 정도로 좋아한답니다.

READY (2인분)

필수 재료 • 돼지고기(목살, 300g), 대파(5cm), 신김치(¼포기=250g)
밑간 • 맛술(1큰술), 생강즙(2작은술)
양념 • 다진 마늘(1큰술)

HOW TO MAKE

1 돼지고기는 먹기 좋은 크기로 썬 뒤 10분 정도 밑간하고,

2 대파는 어슷 썰고,

3 신김치는 속을 털어내 먹기 좋은 크기로 썰고,

4 냄비에 식용유(1큰술)를 두르고 신김치를 중간 불에서 5분 정도 달달 볶고,

5 물(4컵)과 돼지고기, 다진 마늘을 넣어 센 불에서 10분 정도 끓인 뒤 물(3컵)을 더 넣고 중간 불로 줄여 20분 정도 더 끓이고, 어슷 썬 대파를 넣어 마무리.

한국인 NO.1
닭요리

닭볶음탕

예나 지금이나 닭볶음탕이라는 말만 떠올려도 군침이 도는 음식이죠. 언제나 편안하고 부담스럽지 않은 음식으로서 한국인의 No.1 닭볶음탕. 가족을 위해 오늘도 멋진 솜씨를 발휘해보세요.

READY (4인분)

필수 재료 • 닭(1마리=1.2kg), 감자(300g), 당근(100g), 양파(1개=200g), 청양고추(2개), 붉은고추($\frac{1}{2}$개)
양념 • 맛술(3큰술), 생강즙(2큰술)
양념장 • 고운 고춧가루(2큰술)+간장(5큰술)+생강즙(1큰술)+양지육수(1컵)+맛술(2큰술)+다진 마늘(2큰술)+고추장(1큰술)+올리고당(2큰술)+참기름(1큰술)+후춧가루(0.5작은술)
→ 양지육수 만드는 법은 23p를 참고하세요.

HOW TO MAKE

1

닭은 기름기를 제거해 깨끗이 씻고, 냄비에 닭이 잠길 정도의 물과 양념, 닭을 넣어 센 불로 삶은 뒤 체에 밭쳐 물기를 빼고,
→ 닭은 토막 낸 것으로 구매하면 편해요.

2

감자와 당근은 먹기 좋은 크기로 썰어 끓는 물에 데치고,

3

양파는 먹기 좋은 크기로 썰고, 청양고추와 붉은고추는 어슷 썰고,

4

양념장을 만들고,

5

냄비에 양념장과 삶은 닭을 넣어 센 불로 조리다가 손질한 모든 재료를 넣어 중간 불에서 국물이 자작해지도록 조려 마무리.
→ 양념이 모든 재료에 골고루 배어들 수 있도록 양념장을 끼얹어 가며 조리세요.

바삭하게 씹히는
매콤달콤한 조각
닭강정

요즘 외국인들에게 가장 인기 있는 메뉴 하면 단연코 닭강정을 손꼽는답니다. 드라마가 한류의 붐을 만들듯이 드라마 속 음식 역시 최고의 한류가 되어가고 있어요. 닭강정 만드는 법을 배우러 온 외국인이 시원한 맥주 한모금 곁들이며 "그래 바로 이 맛이야" 하는 말에 우리 모두 많이 웃었던 일을 잊지 못한답니다. 한식의 세계화는 바로 이런 것이구나라고 생각된 순간이었습니다.

READY (4인분)

필수 재료 • 닭 가슴살(400g), 녹말가루($\frac{1}{2}$컵), 치킨파우더($\frac{1}{2}$컵), 달걀흰자(달걀 5개 분량)

선택 재료 • 통깨(2큰술)

밑간 • 소금(1작은술), 생강즙(2큰술), 후춧가루(약간)

양념장 • 설탕(1큰술)+간장(1큰술)+맛술(3큰술)+다진 양파(2큰술)+다진 마늘(1큰술)+고추장(2큰술)+케첩(3큰술)+딸기잼(2큰술)+올리고당(2큰술)+후춧가루($\frac{1}{3}$작은술)

양념 • 참기름(1큰술)

HOW TO MAKE

1
닭 가슴살은 먹기 좋은 크기로 썬 뒤 10분 정도 밑간하고,

2
닭 가슴살에 녹말가루($\frac{1}{4}$컵)와 치킨파우더($\frac{1}{4}$컵)를 2번 나누어 골고루 묻힌 뒤 달걀흰자에 적시고,
→ 달걀흰자를 묻히면 튀김이 더 바삭해져요.

3
오목한 팬에 식용유를 넉넉히 부어 180℃로 예열한 뒤 닭 가슴살을 노릇하게 튀기고,
→ 한 번에 많은 양의 닭을 튀기면 온도가 금방 떨어져 익는 데 시간이 오래 걸려요.

4
양념장을 만들고,

5
팬에 양념장을 부어 중간 불로 5분 정도 끓이고,

6
끓어오르면 튀긴 닭 가슴살을 넣어 버무린 뒤 참기름과 통깨를 뿌려 마무리.

촉촉한 닭다리 살과
담백한 흰콩의 만남!

닭다리 콩조림

아이들이 어릴 때 닭요리를 해주면 자기가 먼저 닭다리를 차지하겠다며 싸우기 일쑤였어요. 닭다리를 뜯으며 행복해하는 아이들 표정에 저까지 덩달아 배가 불렀었는데요. 닭다리 요리에 백태를 듬뿍 넣어 함께 조려보세요. 촉촉한 닭다리살과 담백한 백태의 어우러짐이 일품이에요.

READY (4인분)

필수 재료 · 닭다리(8개), 붉은고추(2개), 목이버섯(30g), 양파(½개=100g), 대파(5cm), 삶은 콩(백태, ½컵)
→ 백태는 3시간 정도 불린 후 중간 불에서 10분정도 삶아 손으로 껍질을 비벼 벗겨 준비해요.

선택 재료 · 통깨(1큰술)

밑간 · 소금(1큰술), 맛술(2큰술), 우유(½컵), 백후춧가루(0.5작은술)

고기 삶는 재료 · 간장(1큰술), 생강(10g), 대파(10cm)

양념장 · 고운 고춧가루(1작은술)+생강즙(1큰술)+파인애플즙(1큰술)+닭다리 삶은 육수(3컵)+간장(2큰술)+다진 마늘(1큰술)+매실청(2큰술)+굴소스(1큰술)+후춧가루(0.5작은술)

양념 · 참기름(1큰술)

HOW TO MAKE

1 닭다리는 사선으로 칼집을 내 20분 정도 밑간한 뒤 깨끗이 씻고,
→ 닭다리 살에 칼집을 너무 깊이 낼 경우 살코기와 뼈가 분리되기 쉬우니 적당한 깊이로 칼집을 내세요.

2 냄비에 닭다리가 잠길 정도의 물과 고기 삶는 재료, 닭다리를 넣어 센 불로 20분 정도 끓인 후 닭다리는 건져두고 육수는 따로 걸러두고,
→ 닭다리를 삶고 남은 육수는 양념장에 사용하니 버리지 마세요.

3 붉은고추는 3등분하고, 목이버섯은 물에 불려 깨끗이 씻고, 양파는 먹기 좋은 크기로 썰고, 대파는 어슷 썰고,

4 양념장을 만들고,

5 냄비에 양념장을 넣고 센 불에 올려 끓어오르면 중간 불로 줄여 20분 정도 더 끓이고, 삶은 콩을 넣어 양념장이 자작해질 때까지 국물을 끼얹어 가며 조리다 참기름, 통깨를 뿌려 마무리.

원기 회복에 가장 좋은
영양만점 보양식
영양 삼계탕

영화 〈왕의 남자〉는 음식감독을 맡은 첫 작업으로 기억에도 많이 남고 애착도 많이 가는 작품이에요. 처음 하는 영화 작업이다 보니 음식의 온도를 맞추는 감이 없던 때였지요. 왕이 광대에게 한상 내리는 장면에서 김 나는 것만 고려한 나머지 닭을 너무 뜨겁게 끓여내 닭다리를 뜯던 감우성 씨의 입천장이 데어 배우보다 더 놀랐던 기억이 나네요. 여름보양식인 삼계탕은 약잿물에 닭을 넣고 함께 끓여내는데요, 뽀얗게 우러나온 국물까지 비우고 나면 무더위를 쉽게 이겨낼 것 같아요.

READY (2인분)

필수 재료 • 영계(1마리=500g), 마늘(2알), 대추(1쪽), 밤(1알), 수삼(1뿌리), 찹쌀(50g), 찹쌀 가루(1큰술)
→ 찹쌀은 3시간 정도 불린 뒤 체에 밭쳐 물기를 빼서 준비하세요.

선택 재료 • 대파(5cm)

약잿물 재료 • 황기(1뿌리=20g), 무(100g), 마늘(5쪽), 생강(15g)

양념 • 소금(약간), 후춧가루(약간)

HOW TO MAKE

1 중간 불로 달군 냄비에 약잿물 재료와 물(5ℓ)을 넣고 20분 정도 끓이다 약한 불로 줄여 10분 정도 더 끓인 뒤 면포에 약잿물 육수만 따로 걸러내고,

2 마늘, 대추, 밤은 깨끗이 씻고, 대파는 모양대로 썰고, 수삼은 부드러운 솔로 깨끗이 씻어 뇌두를 자르고,

3 영계는 배 안쪽에 있는 내장과 기름을 떼어낸 후 깨끗이 씻어 준비하고,

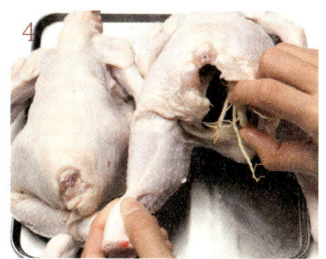

4 배 안쪽에 찹쌀과 수삼, 마늘, 대추, 밤을 순서대로 넣고 꼭꼭 눌러가며 속을 채우고,

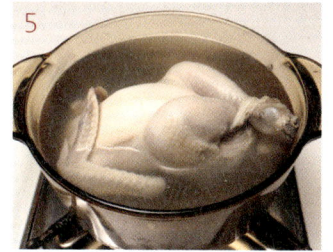

5 양쪽 다리 안쪽에 칼집을 넣어 다리를 엇갈리게 끼우고, 냄비에 약잿물과 닭을 넣어 센 불로 30분 정도 끓인 뒤 중간 불로 줄여 20분 정도 더 끓이고,

6 끓어오르면 찹쌀가루를 물에 풀어 넣고 약한 불로 줄여 10분 정도 더 끓인 뒤 대파를 넣고 소금, 후춧가루를 곁들여 마무리.
→ 닭 한 마리가 통째로 들어가므로 충분히 끓이세요. 중간에 물이 줄어들면 물을 보충해가며 끓여요.

시원하게 즐기는
이색 궁중 보양식
초계탕

삼계탕은 땀을 흘리며 먹는 닭요리지만 초계탕은 땀을 식혀 주는 요리예요. 닭고기와 소고기를 푹 삶아 결대로 찢어 두고 양념을 하고, 여기에 들깻가루와 잣가루를 넣고 만든 새콤달콤 육수를 부어 내면 더위에 지치기 쉬운 여름을 시원하게 보낼 수 있답니다. 뜨거운 삼계탕 먹으며 땀 흘리기 싫어하는 분들에게도 안성맞춤인 여름 별미예요.

READY (4인분)

필수 재료 · 쇠고기(양지머리, 200g), 닭(½마리=500g), 청오이(1개=150g), 배(200g), 느타리버섯(100g), 미나리(4줌=200g), 소금(1큰술)
선택 재료 · 방울토마토(4개)
고기 삶는 재료 · 황기(50g), 무(½토막=100g), 통생강(10g), 마늘(5쪽), 대파뿌리(20cm)
육수양념 · 들깻가루(3큰술)+잣가루(3큰술)+설탕(2작은술)+소금(0.5작은술)+국간장(3큰술)+2배 식초(2큰술)+연겨자(4작은술)+올리고당(1큰술)+부순 참깨(1큰술) → 일반식초를 쓸 경우에는 2배 식초의 배를 넣어주세요.
고기양념 · 설탕(1큰술)+소금(0.2작은술)+국간장(2작은술)+다진 마늘(1작은술)+다진 파(1작은술)+참기름(1큰술)+후춧가루(0.2작은술)
설탕물 · 설탕(2큰술)+물(2컵)

HOW TO MAKE

1

쇠고기는 찬물에 10분 정도 담가 핏물을 제거하고, 닭은 배 안쪽에 있는 내장과 기름을 떼어내고,

2

냄비에 물(2ℓ)과 닭, 쇠고기, 고기 삶는 재료를 넣어 센 불에서 30분 정도 끓이고, 고기 삶는 재료만 건져낸 뒤 중간 불로 줄여 30분 정도 더 삶아 쇠고기와 닭은 건지고 육수는 따로 걸러 두고,

3

따로 걸러둔 육수에 육수양념을 섞어 냉장실에서 차게 식히고,

4

쇠고기와 닭의 살코기만 발라 결대로 곱게 찢어 섞고 고기양념에 버무린 뒤 냉장실에서 차게 식히고,

5

오이는 얇게 썰어 소금(0.5큰술)에 10분 정도 절여 물기를 빼고, 배는 채 썰어 설탕물에 10분 정도 재운 뒤 체에 밭쳐 물기를 빼고, 느타리버섯은 가닥가닥 떼어 소금(0.5큰술)을 넣은 끓는 물에 재빨리 데친 뒤 찬물에 씻어 물기를 짜고, 미나리는 먹기 좋은 길이로 썰고,

6

그릇에 재료가 흐트러지지 않도록 쌓은 뒤 초계탕육수를 붓고 방울토마토를 올려 마무리.

→ 닭과 쇠고기, 육수를 모두 넉넉하게 만들어 냉동 보관하면 먹고 싶을 때 미나리와 오이를 곁들여 손쉽게 초계탕을 먹을 수 있답니다. 면을 넣어 먹어도 좋아요.

다이어트까지 책임지는
건강한 고기요리

오리 고추장 불고기

오리고기는 단백질과 불포화지방산이 풍부해 피부미용과 다이어트에 좋은데요. 다른 고기에 비해 불포화지방산이 많아서 고소한 육질이 특징이에요. 새송이버섯을 잔뜩 썰어 넣어 매콤한 고추장양념으로 맛을 내 먹어도 먹어도 자꾸 먹고 싶은 요리랍니다.

READY (4인분)

필수 재료 • 오리고기(500g), 새송이버섯(1개), 청양고추(4개), 양파(1개=200g), 대파(5cm)

양념장 • 고춧가루(2큰술)+맛술(2큰술)+파인애플즙(2큰술)+생강즙(2작은술)+사과즙(2큰술)+다진 마늘(2큰술)+고추장(3큰술)+올리고당(1큰술)+쌀엿(1큰술)+후춧가루(1작은술)

HOW TO MAKE

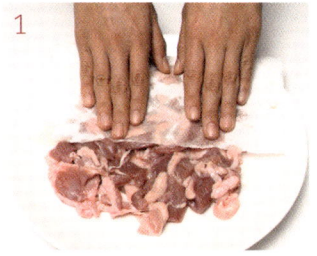

1 오리고기는 키친타월로 핏물을 제거하고,

2 새송이버섯은 모양대로 도톰하게 썰고, 청양고추는 어슷 썰고,

3 양파는 굵게 채 썰고, 대파는 어슷 썰고,

4 양념장을 만들고,

5 오리고기와 손질한 재료에 양념장을 넣어 조물조물 버무려 30분 정도 재우고,

6 팬에 양념한 재료를 넣고 중간 불에서 7분 정도 볶다 센 불에서 2~3분 정도 재빠르게 한 번 더 볶아 마무리.

PART 5
everyday

영양만점
콩·달걀·견과류

한식을 배우려고 미국에서 한국으로 온 한 여성분과 대화를 나눴었는데요. 한국 두부를 먹어본 뒤로 그 고소한 맛을 잊을 수 없어 두부를 만드는 법까지 배웠다고 해요. 두부는 유방암 예방에 좋고 골다공증에도 좋아 요즘 서양에서도 인기인데요. 콩·달걀·견과류 파트에서는 다양한 두부 요리는 물론 콩을 이용한 요리, 달걀 요리, 견과류 요리를 담았습니다. 소개 드리는 레시피로 건강한 식탁을 꾸며 보세요.

채소를 싫어하는
아이마저 사로잡은

채소달걀말이

아이를 둔 엄마들에게 가장 자주 받는 질문 중 하나가 바로 "어떻게 하면 아이에게 채소를 먹일 수 있나요?"예요. 채소를 싫어하는 아이에게 무작정 먹이는 것보단 아이가 좋아하는 다른 재료에 숨겨 자연스레 먹이는 게 중요해요. 채소달걀말이는 부드러운 달걀에 색색의 채소가 가득 들어 있어 맛은 물론 영양까지 최고지요.

READY (4인분)

필수 재료 · 달걀(5개), 당근(20g), 애호박(20g), 쪽파(2대)
양념 · 소금(1작은술)

HOW TO MAKE

1

달걀을 잘 풀어 소금과 물(1큰술)을 넣어 섞고,

2

당근, 애호박은 곱게 채 썰고, 쪽파는 곱게 다진 뒤 달걀물에 모두 넣어 섞고,
→ 다양한 채소를 잘게 썰어 넣어도 좋아요.

3

사각 팬에 식용유(0.5작은술)를 두른 뒤 달걀물(⅓)을 최대한 넓게 부어 약한 불로 은은하게 익히고,

4

달걀물의 윗부분이 익기 시작하면 젓가락으로 살살 말고,

5

익은 달걀을 사각 팬 손잡이 쪽으로 옮긴 뒤 남은 달걀물(⅓)을 마저 붓고 팬의 끝까지 말아 마무리.

tip

달걀말이 모양잡는법

뒤집거나 썰면서 달걀말이의 모양이 으깨졌던 경험, 다들 한 번쯤 있지요? 완성된 달걀말이를 썰기 전 김발 위에 올린 뒤 손으로 살짝 눌러주며 모양을 잡아주고 조금 식힌 뒤 썰어주세요. 겉은 단단, 속은 탱글하게 모양이 유지된답니다.

눈 깜짝할 새에
사라지는 밑반찬
달걀버섯
장조림

달걀 장조림은 집에서 쉽게 만드는 반찬 중 하나지요. 쫄깃한 버섯과 입맛 돋우는 간장소스가 잘 어우러져 밑반찬으로도 일품인 달걀버섯 장조림은 남은 간장소스도 짜지 않아 밥에 비벼 먹어도 맛있어요.

READY (4인분)

필수 재료 · 달걀(8개), 새송이버섯(2개)
양념장 · 월계수잎(2~3장)+통후추(10알)+간장($\frac{1}{2}$컵)+양지육수(5컵)+맛간장(3큰술)+맛술(1큰술)+올리고당(2큰술)
  → 양지육수 만드는 법은 23p를 참고하세요.

HOW TO MAKE

1
달걀은 끓는 물에 12분 정도 삶아 껍질을 벗기고,

2
새송이버섯은 먹기 좋은 크기로 썰고,

3
양념장을 만들고,

4
냄비에 양념장을 붓고 중간 불에 올려 끓어오르면 달걀과 새송이버섯을 넣어 끓이고,

5
양념장이 자작해지면 불을 꺼 마무리.

호호 불어
부드럽게 즐기는
달걀
새우찜

보글보글 야들야들 입안에서 살살 녹는 달걀새우찜은 손쉽게 할 수 있는 요리지만 자칫 불 조절을 잘못하면 실패하기 쉬운 요리이기도 합니다. 부담 없이 포만감을 느낄 수 있어 출출한 저녁에도 딱이죠.

READY (4인분)

필수 재료 · 달걀(4개), 칵테일새우(8개)
선택 재료 · 쪽파(1대)
밑간 · 맛술(2작은술), 다시마물(2큰술), 소금(0.5작은술)

HOW TO MAKE

1

달걀을 풀고 체에 걸러 알끈을 제거해 달걀물을 만들고,

→ 달걀을 체에 한 번 걸러야 알끈이 제거되어 더욱 부드러워져요.
→ 달걀을 풀 때 한 방향으로만 저으세요.

2

달걀물에 밑간하고,

3

뚝배기에 달걀물을 넣어 골고루 저어 주고,

→ 뚝배기에 달걀을 넣은 뒤 거품이 생기면 숟가락으로 걷어내세요. 거품을 잘 걷어내야 달걀찜의 표면이 매끄러워져요.

4

칵테일새우는 깨끗이 씻어 체에 밭쳐 물기를 빼고, 쪽파는 송송 썰고,

→ 새우젓이나 버섯, 다른 채소를 넣어도 좋아요.

5

뚝배기에 달걀물을 붓고 중간 불로 익히다 칵테일새우, 쪽파를 올린 뒤 뚜껑을 닫고 약한 불에서 5분 정도 쪄 마무리.

→ 달걀물의 가장자리가 익으면 젓가락으로 두세 번 휘휘 저어 주세요.

심플한
아침식사로 딱!

연두부 냉채

요즘은 아침을 아예 거르거나 간단하게만 즐기는 경우가 많죠? 바쁜 아침 부담 없이 즐기기 좋은 연두부냉채를 소개할 게요. 연두부는 일반 두부보다 훨씬 더 부드러워 양념장을 함께 곁들여 먹으면 간단하지만 든든하게 즐길 수 있어요.

READY (4인분)

필수 재료 • 연두부(1모), 불린 미역(50g)

선택 재료 • 오이(⅓개=50g), 쪽파(1대)

양념장 • 고춧가루(1큰술)+간장(2큰술)+식초(2작은술)+다진 마늘(1작은술)+매실청(1큰술)+참기름(1큰술)+통깨(1큰술)

HOW TO MAKE

1

연두부는 체에 밭쳐 물기를 빼고,

2

오이는 곱게 채 썰고, 불린 미역은 먹기 좋은 길이로 썰고,

3

쪽파는 송송 썰고,

4

양념장을 만들고 송송 썬 쪽파를 넣어 한 번 더 잘 섞고,

5

접시에 미역과 연두부, 오이채를 올리고 양념장을 곁들여 마무리.

한끼로 손색없는
든든한
두부
샐러드

가볍게 식사를 즐기고 싶은 날, 손쉽게 만들어 부담 없이 즐기기 쉬운 샐러드예요. 한 입 크기로 썬 두부를 바삭하게 튀겨 고소함을 더하고 각종 채소를 곁들여 영양 밸런스를 맞췄어요. 여기에 발사믹식초로 만든 드레싱으로 맛까지 더한 한 접시 요리예요.

READY (4인분)

필수 재료 • 두부(1모), 튀김가루(2큰술), 봄동(⅓줌), 배추 속대(10장), 귤(1개)
밑간 • 소금(1작은술), 맛술(1큰술), 백후춧가루(0.5작은술)
샐러드소스 • 소금(0.5작은술)+발사믹식초(1큰술)+올리브유(2큰술)+꿀(1작은술)
단촛물 • 설탕(1큰술), 식초(1큰술), 물(5컵)

HOW TO MAKE

1 두부는 한입 크기로 깍둑 썰고 10분 정도 밑간한 뒤 키친타월로 물기를 빼고,

2 두부에 튀김가루를 얇게 입히고,

3 180℃로 달군 식용유에 두부를 넣어 노릇하게 튀긴 뒤 건져 식히고,

4 샐러드소스를 만들고,

5 봄동, 배추 속대는 먹기 좋은 크기로 잘라 깨끗이 씻은 뒤 단촛물에 10분간 담갔다 체에 밭쳐 물기를 빼고,

6 그릇에 봄동, 배추 속대를 넓게 펴고, 두부와 껍질을 깐 귤을 얹은 뒤 샐러드소스를 곁들여 마무리.

고추장 소스로
매콤하게 맛을 낸
두부스틱

두부로 조림이나 찌개 대신 색다른 핑거푸드를 즐겨 보세요. 겉은 바삭, 속은 촉촉한 두부의 고소함을 살리고 해산물을 곁들인 매콤한 양념장으로 맛을 냈어요. 어른들도 좋아하고 아이들 간식으로도 손색없답니다. 아이들에게 줄 때는 각종 모양틀을 이용해서 모양을 만들면 더욱 좋아해요.

READY (4인분)

필수 재료 • 두부(1모), 부침가루(2큰술), 칵테일새우(50g), 오징어(100g), 팽이버섯(⅓봉=50g)
선택 재료 • 무순(적당량), 새싹(적당량)
밑간 • 소금(0.5작은술), 맛술(1큰술), 백후춧가루(1작은술)
양념장 • 녹말물(1작은술)+맛간장(1작은술)+물(3큰술)+다진 마늘(1큰술)+고추장(1큰술)+케첩(1작은술)+올리고당(1큰술)

HOW TO MAKE

1

두부는 먹기 좋은 크기로 썰어 10분 정도 밑간한 뒤 키친타월로 물기를 빼고,

2

두부에 부침가루를 입히고 팬에 식용유(2큰술)를 둘러 중간 불로 노릇하게 지지고,

3

칵테일새우는 깨끗이 씻어 체에 밭쳐 물기를 빼고, 오징어는 껍질을 벗겨 사선으로 칼집을 내어 작게 썰고, 팽이버섯은 밑동을 잘라내 먹기 좋은 길이로 썰고,

4

양념장을 만들고,

5

냄비에 양념장을 넣어 센 불로 조리고 새우, 오징어, 팽이버섯을 넣어 2~3분 정도 재빨리 볶고,

6

두부를 나무스틱에 꽂은 뒤 양념장을 골고루 바르고 무순과 새싹을 얹어 마무리.

부드러운 두부에
쫄깃한 해산물이 쏙쏙
두부
해물찜

제 요리 스승인 시어머니를 위해 자주 만들어 드렸던 요리예요. 이가 약한 시어머니께서는 유난히 두부요리를 좋아하셨는데요. 특히 찜통에 두부를 넣어 부드럽게 쪄낸 뒤 잘게 다진 해산물을 곁들인 이 요리를 가장 좋아하셨지요. 해물의 풍미가 깊으면서 기름지지 않고 부드러워 어르신들께 만들어 드리면 좋답니다.

READY (4인분)

필수 재료 · 두부(1모), 팽이버섯(40g), 쪽파(2대), 칵테일새우(50g), 오징어(100g), 녹말가루(2작은술)
선택 재료 · 통깨(1큰술)
밑간 · 소금(0.5작은술), 맛술(1큰술), 백후춧가루(1작은술)
양념장 · 고춧가루(2작은술)+다시마간장(2큰술)+다시마물(3큰술)+다진 마늘(2작은술)+다진 양파(1큰술)+다진 파(1큰술)+
다진 청양고추(1큰술)+다진 붉은고추(2작은술)+참기름(1큰술)
→ 다시마간장 만드는 법은 16p를 참고하세요.

HOW TO MAKE

1

두부는 도톰하고 넓적하게 썰어 10분 정도 밑간한 뒤 키친타월 위에 올려 물기를 빼고,

2

팽이버섯은 밑동을 제거하고, 쪽파는 먹기 좋은 길이로 썰고,

3

칵테일새우는 깨끗이 씻어 체에 밭쳐 물기를 빼고, 오징어는 껍질을 벗겨 사선으로 칼집을 내어 작게 썰고,
→ 오징어 고유의 색을 내고 싶다면 껍질을 벗기지 않아도 좋아요.

4

양념장을 만들고,

5

그릇에 두부를 담고 손질한 재료를 올린 뒤 녹말가루를 체 쳐 뿌리고 양념장을 골고루 얹고,

6

찜통에 그릇 째로 넣어 중간 불로 10분 정도 찌고 통깨를 뿌려 마무리.

밥생각이 절로 나는
고추장 두부찌개

부산토박이인 친정어머니의 손맛이 담긴 찌개예요. 두부와 기름기가 적당히 붙어 있는 돼지고기를 듬성듬성 썰어 넣고 고추장으로 맛을 내 조리듯 푹 끓여내면 밥도둑이 따로 없어요. 서울로 시집와 이 맛이 너무 그리워 친정어머니의 조리법을 그대로 따라 시댁식구들에게 선보인 적이 있는데요. 처음엔 그 맛에 익숙하지 않았던 가족들도 어느새 중독돼 지금은 겨울철이면 항상 제일 먼저 끓여 달라고 한답니다.

READY (2인분)

필수 재료 • 돼지고기(목살, 400g), 두부(1모), 대파(5cm), 양파(100g)
양념장 • 고춧가루(2작은술)+다진 마늘(1큰술)+고추장(3큰술)+참기름(2작은술)+후춧가루(0.5작은술)

HOW TO MAKE

1. 돼지고기는 먹기 좋은 크기로 썰고,

2. 두부는 깍둑 썰고, 대파는 송송 썰고, 양파는 도톰하게 채 썰고,

3. 양념장을 만들고, 돼지고기를 양념장에 골고루 버무리고,

4. 냄비에 돼지고기와 물(1컵)을 넣어 중간 불로 볶듯이 끓이고,

5. 끓어오르면 물(4컵)을 더 넣은 뒤 15분 정도 끓이다 두부, 대파, 양파를 넣고 5분 정도 더 끓여 마무리.
   → 진한 맛을 좋아한다면 물(1컵)을 더 넣고 약한 불에서 15분 정도 더 끓이면 구수하고 깊은 맛이 난답니다.

밥 위에 얹어
쓱쓱 비벼 먹는
순두부
찌개

밥상 위의 단골 요리 순두부찌개예요. 매콤하고 칼칼한 국물에 보드라운 순두부를 넣어 끓여내면 군침이 절로 도는 순두부찌개가 완성돼요. 여기에 신선한 해산물이나 돼지고기, 곱창, 라면 등 다양한 사리를 취향대로 넣어 다양한 맛과 식감을 즐겨 보세요.

READY (2인분)

필수 재료 • 바지락(1컵=200g), 칵테일새우(40g), 오징어(100g), 애호박(40g), 붉은고추(½개), 풋고추(½개), 멸치다시마육수(3컵), 순두부(1봉)
→ 멸치다시마육수 만드는 법은 23p를 참고하세요.

선택 재료 • 대파(5cm), 달걀(2개)

소금물 • 소금(1큰술), 물(3컵)

양념장 • 고운 고춧가루(1큰술)+소금(2작은술)+맛술(1큰술)+다진 마늘(1큰술)+고추기름(4큰술)+후춧가루(0.5작은술)

HOW TO MAKE

1
바지락은 10분 정도 소금물에 담가 해감한 뒤 깨끗이 씻고 체에 받쳐 물기를 빼고,

2
칵테일새우는 깨끗이 씻어 체에 받쳐 물기를 빼고, 오징어는 껍질을 벗겨 사선으로 칼집을 내어 작게 썰고,

3
애호박은 반달 모양으로 썰고, 대파와 붉은고추, 풋고추는 어슷 썰고, 양념장을 만들고,

4
냄비에 멸치다시마육수(1컵)와 양념장을 넣고 중간 불에 올려 끓어오르면 손질한 해산물과 멸치다시마육수(2컵)를 넣어 5분 정도 끓인 뒤 순두부와 애호박, 풋고추, 붉은고추를 넣어 끓이고,

5
상에 내기 전 달걀과 대파를 넣어 마무리.

고소하고 진하게
즐겨 보세요!

콩되비지
찌개

콩을 충분히 불려 곱게 갈아 콩물을 빼지 않은 상태를 '되비지'라고 해요. 이 고소한 되비지에 돼지등뼈와 돼지갈비를 푹 고아내면 훨씬 더 깊은 국물 맛을 낼 수 있답니다. 이때 육수 자체가 너무 줄어들어 바닥에 눌어 타지 않도록 계속 저어가며 끓이는 게 포인트예요. 먹을 때는 간단하게 새우젓국물로 간하거나 기본 양념장만 곁들여 쓱쓱 밥에 비벼 먹으면 고소함에 밥 한 그릇이 절로 비워져요.

READY (2인분)

필수 재료 • 콩(백태, 1컵), 돼지갈비(300g)

양념장 • 고춧가루(1작은술), 다시마간장(2큰술), 멸치다시마육수(2큰술), 다진 파(1큰술), 다진 마늘(1큰술), 다진 붉은고추(0.5작은술), 참기름(0.5큰술), 부순 참깨(0.5큰술)
→ 다시마간장 만드는 법은 16p를 참고하세요.
→ 멸치다시마육수 만드는 법은 23p를 참고하세요.

육수 재료 • 간장(2큰술), 맛술(1큰술), 대파뿌리(50g), 생강(50g), 통마늘(50g)

HOW TO MAKE

1

콩은 깨끗이 씻어 찬물에 5시간 정도 담가 불리고,

2

돼지갈비는 찬물에 20분정도 담가 핏물을 뺀 뒤 깨끗이 씻고, 냄비에 물을 넣고 육수재료를 넣어 40분 정도 끓이고,
→ 돼지갈비 대신 목살을 넣으면 구수한 맛이 나 여성들이 좋아하고, 삼겹살은 맛이 더 풍부해 남성이 좋아해요.

3

양념장을 만들고,

4

냄비에 콩과 물(3컵)을 넣고 센 불에 올려 끓어오르면 중간 불로 줄여 2분 정도 더 끓인 뒤 불을 완전히 꺼 식히고, 콩 껍질을 벗겨가며 깨끗이 씻고,

5

블렌더에 콩과 물(3컵)을 넣어 곱게 갈고,

6

끓어오르면 갈아 놓은 콩과 돼지갈비를 함께 넣고 중간 불에서 15~20분 정도 끓인 후 양념장을 넣어 마무리.

새콤달콤 시원한
한 그릇

도토리묵
김치무침

도토리묵은 다른 재료와 함께 곁들이거나 조물조물 무쳐 먹으면 특유의 쓰고 떫은 맛이 중화된답니다. 특히 수분 함량이 높고 조금만 먹어도 포만감이 들어 다이어트에 좋은데요. 조금 더 고급스럽게 즐기고 싶다면 도토리묵을 담백한 쇠고기와 함께 곁들여 보세요. 아삭한 김치와 고소한 쇠고기가 어우러져 그 자체로 건강한 한 그릇 요리가 완성돼요.

READY (4인분)

필수 재료 • 도토리묵(1모), 신김치(100g), 쇠고기(우둔살, 100g)
선택 재료 • 쑥갓(20g), 조미김(약간), 통깨(1큰술)
신김치밑간 • 다진 파(1작은술), 올리고당(2작은술), 참기름(1작은술), 백후춧가루(약간)
쇠고기밑간 • 간장(1큰술), 배즙(1큰술), 맛술(1큰술), 다진 마늘(1작은술), 올리고당(1작은술), 참기름(1작은술), 후춧가루(0.2작은술)
양념 • 참기름(2작은술)

HOW TO MAKE

1 도토리묵은 먹기 좋은 크기로 길게 썰고, 쑥갓은 깨끗이 씻어 체에 밭쳐 물기를 빼고,

2 조미김은 봉지에 넣어 잘게 부숴 준비하고,

3 신김치는 먹기 좋은 크기로 썬 뒤 신김치밑간 하고,

4 팬에 식용유(1큰술)를 두르고 밑간한 신김치를 센 불로 볶아 식히고,

5 쇠고기는 곱게 채 썰어 쇠고기밑간한 뒤 팬에 중간 불로 볶아 식히고,

6 볼에 도토리묵, 신김치, 쇠고기를 넣어 버무리고 참기름, 통깨, 김가루, 쑥갓을 얹어 마무리.

→ 도토리묵을 무칠 때 부서지지 않도록 주의해요.

여름철 후루룩 즐기는
시원한 한 그릇

도토리 묵밥

여름철 시원한 국물에 부담 없이 먹을 수 있는 면요리 한 그릇이면 입맛 없는 여름 든든한 한 끼가 되지요. 국수가 지겹거나 칼로리가 걱정된다면 도토리묵으로 묵밥을 만들어보세요. 무침으로만 즐겼던 묵에 쇠고기, 오이 등을 곁들인 뒤 깊고 진한 국물을 부으면 다이어트식이자 여름철 시원한 별미가 완성돼요.

READY (4인분)

필수 재료 · 도토리묵(1모), 오이(⅓개=50g), 신김치(⅓포기=200g), 쇠고기(100g)
선택 재료 · 조미김(2장), 참기름(1큰술)
신김치밑간 · 올리고당(1작은술), 참기름(2작은술)
쇠고기밑간 · 간장(1작은술), 배즙(1큰술), 다진 마늘(1작은술), 참기름(1작은술), 후춧가루(0.5작은술)
묵밥국물 · 국간장(1큰술)+마늘즙(1큰술)+양지육수(4컵)+매실청(2큰술)
→ 양지육수 만드는 법은 23p를 참고하세요.

HOW TO MAKE

1

도토리묵은 먹기 좋은 크기로 길게 썰고,
→ 메밀묵이나 논방개묵으로 묵밥을 만들어도 맛있답니다.

2

오이는 곱게 채 썰고, 조미김은 봉지에 넣어 잘게 부숴 준비하고,

3

신김치는 먹기 좋은 크기로 썰어 신김치밑간한 뒤 식용유(1큰술)를 두른 팬에 센 불로 볶아 식히고,

4

쇠고기는 곱게 채 썰어 쇠고기밑간하고 팬에 올려 중간 불로 볶아 식히고,

5

묵밥국물을 만들고,
→ 양지육수가 없을 경우 멸치다시마육수를 넣어도 좋아요.

6

볼에 도토리묵, 쇠고기, 오이를 넣은 뒤 묵밥국물을 붓고, 참기름, 김가루를 뿌려 마무리.
→ 통깨를 뿌리면 고소함이 더욱 살아나요.

고급스러운 밑반찬
호두장과

호두장과는 호두를 달콤하게 조려내 은행을 곁들인 밑반찬이에요. 아이들이 어릴 때 이 호두장과를 만들어두면 간식을 먹듯 하나씩 잘 집어 먹더라고요. 그때를 추억하며 만들곤 하는데요, 호두의 쓴맛을 없애기 위해 속껍질을 완전히 제거해야 해요. 땅콩이나 아몬드를 넣어 같이 조려도 좋아요.

READY (4인분)

필수 재료 • 호두(3컵=200g), 은행(10알)
양념 • 소금(1작은술), 간장(5큰술), 쌀엿(2큰술), 참기름(2작은술)

HOW TO MAKE

1 호두는 끓는 물에 살짝 데친 뒤 건져 이쑤시개로 껍질을 벗기고,

2 끓는 물에 소금을 넣고 은행을 살짝 데쳐 건지고,

3 살살 굴려가며 껍질을 벗기고,

4 팬에 물(1컵), 간장, 쌀엿을 넣고 중간 불에서 끓어오르면 약한 불로 줄이고, 호두를 넣어 갈색빛이 날 때까지 조리고,

5 은행을 넣어 윤기나게 조리고 참기름을 뿌려 마무리.

PART 6

Everyday

심플하게 즐기는
가공식품

1인 가구가 점점 늘어나면서 그만큼 가공식품을 찾는 사람들이 많아지고 있어요. 그래서 이번 파트에서는 가공식품을 이용한 간편하고 맛도 좋은 레시피를 소개하려고 합니다. 아무래도 식품 첨가물이 들어 있다 보니 먹기 전에 미리 한 작업을 더 해주면 좋은데요. 이를테면 통조림 옥수수와 완두콩은 물기를 빼고 사용하는 게 좋고, 햄, 소시지, 어묵은 끓는 물에 살짝 데쳐 기름기를 뺀 뒤 조리하면 더욱 맛있게 즐길 수 있답니다.

탱글탱글한
옥수수알이 쏙쏙
캔옥수수 전

씹을수록 입안 가득 달콤한 옥수수에 초록 완두콩을 더해 맛과 영양, 색까지 살렸답니다. 노릇하게 전을 부친 뒤 모차렐라치즈를 얹어 한입 베어 물면 쭉 늘어나는 고소한 치즈의 풍미와 톡톡 터지는 옥수수 알갱이의 식감이 참 재미난 요리랍니다.

READY (4인분)

필수 재료 · 캔옥수수(1캔=340g), 캔완두콩($\frac{1}{2}$컵), 모차렐라치즈(100g), 물($\frac{1}{2}$컵)
반죽 재료 · 부침가루($\frac{1}{2}$컵), 달걀(1개)

HOW TO MAKE

1

캔옥수수는 체에 밭쳐 물기를 빼고,

2

블렌더에 캔완두콩과 물($\frac{1}{2}$컵)을 넣어 곱게 간 뒤 반죽 재료에 넣어 잘 섞고,

3

반죽에 캔옥수수를 넣어 잘 섞고,

4

팬에 식용유를 적당량 두르고 반죽을 한입 크기로 올려 중간 불로 앞뒤가 노릇해질 때까지 굽고,

5

모차렐라치즈를 올려 약한 불로 모차렐라치즈가 녹을 때까지 구워 마무리.

부드러운 죽순 한입
캔죽순 볶음

캔죽순은 가장 자주 사용하는 가공식품이에요. 자연산에 비해 품질이나 맛이 뒤떨어지지 않아 사계절 언제든지 쉽게 죽순요리를 즐길 수 있지요. 요즘 아이들에게는 익숙하지 않은 죽순을 아삭아삭한 목이버섯과 함께 볶으면 맛있고 건강한 별미 반찬이 된답니다.

READY (4인분)

필수 재료 · 목이버섯(50g), 쌀뜨물(5컵), 소금(2작은술), 캔죽순(1캔=200g)

밑간 · 간장(1큰술), 다진 마늘(0.5작은술), 올리고당(1작은술), 참기름(1작은술), 후춧가루(약간)

양념장 · 소금(2작은술)+간장(1큰술)+다진 마늘(2작은술)+들기름(2큰술)+통깨(2작은술)

HOW TO MAKE

1

목이버섯은 미지근한 물에 불린 뒤 끝부분을 깨끗이 손질해 2~3번 씻어 물기를 제거한 뒤 밑간하고,

2

냄비에 쌀뜨물과 소금을 넣고 중간 불에서 끓어오르면 캔죽순을 넣어 10분 정도 삶고,

3

삶은 죽순을 30분 정도 물에 담가 아린 맛을 제거한 뒤 체에 밭쳐 물기를 빼고,

4

양념장을 만들고,

5

죽순은 먹기 좋은 크기로 썰고,

6

팬에 죽순과 목이버섯, 양념장을 넣어 중간 불로 5분 정도 달달 볶아 마무리.

얼큰하게 즐기는
고소한 꽁치의 매력!

캔꽁치 김치찜

싱글족들이 간편하게, 쉽게 해 먹을 수 있는 요리예요. 캔꽁치에 새콤한 김치를 넣어 조리면 부드러운 맛이 일품이랍니다.

READY (4인분)

필수 재료 · 캔꽁치(1캔=280g), 신김치(⅓포기=200g)

선택 재료 · 대파(5cm), 청양고추(2개)

양념장 · 고춧가루(1큰술)+생강즙(1작은술)+다시마물(4큰술)+맛술(2큰술)+다진 마늘(1큰술)+다진 파(1큰술)+올리고당(1큰술)

HOW TO MAKE

1

캔꽁치를 국물과 함께 준비하고,

→ 캔꽁치에 든 국물을 모두 버리지 말고 적당량 남겨 자연스레 꽁치의 간이 배도록 해요.

2

팬에 식용유(1큰술)를 두른 뒤 신김치를 넣어 중간 불로 1분 정도 살짝 볶고,

3

대파와 청양고추는 어슷 썰고,

4

양념장을 만들고,

5

냄비에 김치와 양념장을 넣어 중간 불로 조리듯 15분 정도 끓이고,

6

꽁치를 넣어 10분 정도 조리다 대파와 청양고추를 넣어 마무리.

→ 남겨둔 캔꽁치 국물도 함께 넣어요.

달콤한 무와 함께
조려낸

캔꽁치
무조림

고소한 꽁치를 무와 함께 조렸어요. 조리하기 전 캔꽁치를 국물에 담가두면 자연스레 간이 배어들어 특별히 간을 하지 않아도 좋답니다. 쉽고 간단하게 뚝딱 만들 수 있어 좋아요.

READY (4인분)

필수 재료 • 캔꽁치(1캔=280g), 대파(5cm), 붉은고추(1개), 무(½토막=75g)

양념장 • 고춧가루(1큰술)+간장(2작은술)+다시마물(5큰술)+맛술(1큰술)+다진 마늘(1큰술)+참기름(1큰술)+통깨(1큰술)

HOW TO MAKE

1

캔꽁치를 국물과 함께 준비하고,

2

대파와 붉은고추는 어슷 썰고, 무는 나박 썰고,

3

양념장을 만들고,

4

냄비에 무를 깔고, 캔꽁치와 양념장을 올려 중간 불로 조리듯 15분 정도 끓이고,

5

양념장이 자작해지면 대파, 붉은고추를 올려 마무리.

된장 소스에
부드럽게 조린

캔고등어
된장조림

생물 고등어는 가시나 비린 내 때문에 먹기 꺼려진 적 있지요? 이런 단점을 모두 보완할 캔고등어된장조림을 소개합니다. 구수한 된장양념에 캔고등어를 뭉근하게 조려내 삶은 우거지를 넣어 밥 위에 얹어 먹으면 고등어의 살코기는 물론 잔가시까지 입안에서 살살 녹아요.

READY (4인분)

필수 재료 • 캔고등어(1캔=400g), 삶은 우거지(200g)
선택 재료 • 대파(15cm), 붉은고추(1개), 풋고추(1개)
양념장 • 고춧가루(1큰술)+다시마물(2컵)+맛술(2큰술)+다진 마늘(2작은술)+된장(2큰술)+올리고당(1큰술)

HOW TO MAKE

1

캔고등어를 국물과 함께 준비하고,

2

삶은 우거지는 먹기 좋은 크기로 썰고, 대파는 어슷 썰고,

3

붉은고추, 풋고추는 어슷 썰고,

4

양념장을 만들고,

5

냄비에 삶은 우거지와 양념장을 넣고 우거지가 부드러워질 때까지 중간 불로 20분 정도 끓이고,

6

캔고등어를 넣은 뒤 약한 불로 국물이 자작해질 때까지 조리다 대파, 붉은고추, 풋고추를 넣어 마무리.

tip

쫄깃함이 살아 있는 우거지 삶는 법

우거지는 끓는 물에 소금(1큰술)을 넣어 5분간 삶은 뒤 건져 찬물에 30분 정도 담갔다 다시 찬물에 깨끗이 헹궈 주세요. 체에 밭쳐 물기를 완전히 뺀 뒤 먹기 좋은 크기로 썰면 무르지 않고 쫄깃한 우거지를 맛볼 수 있어요.

근사한 영양 가득
캔참치 샐러드

담백한 맛이 일품인 참치! 수많은 참치요리 중에서도 제가 가장 자주 만들어 아이들에게 해주었던 참치샐러드를 소개할게요. 참치의 풍부한 영양분을 그대로 섭취할 수 있고, 꽃 모양으로 구운 만두피 안에 담아내 모양도 참 예뻐요. 간단한 간식으로, 아이들과 손님상의 애피타이저로도 손색이 없어요.

READY (4인분)

필수 재료 • 캔참치(1캔=150g), 만두피(8장)
마요네즈소스 • 피망(녹색, 붉은색 각 ⅓개씩), 사과(⅛쪽), 삶은 달걀(1개), 마요네즈(2큰술), 올리고당(1큰술), 백후춧가루(0.5작은술)
→ 셀러리를 잘게 다져 넣으면 더욱 신선한 맛을 느낄 수 있어요.

HOW TO MAKE

1

캔참치는 체에 밭쳐 기름기를 빼고,

2

만두피는 모양을 잡아가며 틀에 담아 180℃로 예열한 오븐에서 5분 정도 굽고,
→ 틀에 기름을 살짝 바르면 만두피가 틀에 달라붙지 않아요.
→ 만두피의 끝을 살짝 눌러 꽃모양을 만들어 주세요.

3

피망은 곱게 다지고, 사과는 작게 깍둑 썰고,

4

볼에 삶은 달걀을 으깨 넣고, 참치, 피망, 사과를 넣고, 나머지 마요네즈소스 재료를 넣어 가볍게 버무려 참치소를 만들고,

5

구운 만두피 안에 참치소를 한 수저씩 떠 넣어 마무리.
→ 식빵이나 크래커에 곁들여 먹으면 한 끼 식사로도 손색없어요.

알록달록
보기에도 맛있는

캔참치 파인애플 꼬치

담백한 캔참치와 달콤한 파인애플, 각종 채소를 꼬치에 끼워 스위트칠리소스로 맛을 더했어요. 스탠딩파티 메뉴나 가벼운 술안주는 물론 야식으로도 좋답니다. 특히 꼬치 요리는 영양과 맛의 궁합이 잘 맞는 여러 재료를 한데 섞어 만들 수 있어 편식이 심한 아이들 간식으로도 좋아요.

READY (4인분)

필수 재료 • 큐브참치(1캔=160g), 방울토마토(4개), 통조림 파인애플(1캔=432g), 브로콜리(1송이), 파프리카($\frac{1}{2}$개)
밑간 • 소금(0.5작은술), 후춧가루(0.5작은술)
스위트칠리소스 • 시판용 스위트칠리소스(5큰술)

HOW TO MAKE

1

큐브참치는 체에 밭쳐 물기를 빼고,

2

방울토마토는 꼭지를 따 깨끗이 씻고, 통조림 파인애플은 체에 밭쳐 물기를 뺀 뒤 먹기 좋은 크기로 썰고,

3

브로콜리와 속씨를 제거한 파프리카는 깨끗이 씻은 뒤 먹기 좋은 크기로 썰고,

4

꼬치에 손질한 재료를 모두 끼운 후 밑간하고,
→ 큐브참치는 부서지기 쉬우므로 꼬치의 맨 윗부분에 끼워요.

5

시판용 스위트칠리소스를 꼬치 앞뒤로 골고루 바르고, 센 불에서 앞뒤로 노릇하게 구워 마무리.

양송이가 품은
이색 볶음밥

캔 닭가슴살 김치 볶음밥

모스크바 대사관에서 한식 행사를 진행할 때 선보였던 요리예요. 유난히 맛이 풍부한 러시아의 양송이. 평소에 즐겨 먹는 김치볶음밥에 담백한 닭가슴살을 곁들인 뒤 양송이에 올렸어요. 고급파티에 핑거푸드 음식으로 안성맞춤이예요.

READY (4인분)

필수 재료 • 닭가슴살(1캔=135g), 양파(½개=50g), 신김치(⅓포기=100g), 양송이(16개), 밥(2공기)
신김치밑간 • 설탕(2작은술), 참기름(1작은술)
양송이버섯밑간 • 소금(1작은술), 백후춧가루(0.5작은술)

HOW TO MAKE

1

닭가슴살은 체에 밭쳐 기름기를 빼고,

2

양파는 곱게 다지고, 신김치는 잘게 다져 국물을 꼭 짠 후 밑간하고,

3

양송이버섯은 기둥을 떼어내고 흐르는 물에 씻어 체에 밭쳐 물기를 뺀 뒤 양송이버섯밑간하고,

4

팬에 식용유를 적당량 두른 뒤 신김치, 닭가슴살, 양파, 밥을 넣고 중간 불에서 골고루 섞으며 볶고,

5

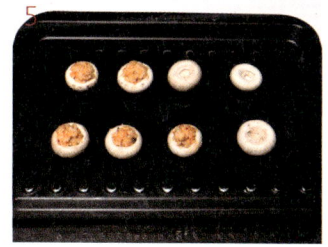

볶음밥을 양송이 안쪽에 꼭꼭 눌러 담고, 180℃로 예열한 오븐에 5분 정도 구워 마무리.

→ 굽기 전 오븐 팬에 미리 올리브유를 살짝 발라두면 양송이가 오븐 팬에 눌러붙지 않아요.
→ 밥 위에 체다치즈나 모차렐라치즈를 올려 녹여 먹으면 더 맛있어요.

매콤 쫄깃해
안주로 딱!

캔골뱅이
채소무침

아직도 골뱅이채소무침을 술 안주로만 생각하나요? 골뱅이는 쫄깃하고 탱글한 식감에 칼로리는 낮고 영양이 풍부한 재료예요. 양념장의 비율만 잘 맞춘다면 아이들 밥반찬으로도 손색없어요. 출출한 저녁 가볍게 즐기는 야식으로도 추천해요.

READY (4인분)

필수 재료 • 골뱅이(1캔=300g), 오이(100g), 양파(¼개=50g), 대파(흰 부분, 5cm), 미나리(50g)

양념장 • 고춧가루(1큰술)+식초(2큰술)+다진 마늘(1큰술)+고추장(1큰술)+매실청(2큰술)+올리고당(1큰술)+참기름(2큰술)+통깨(1큰술)

HOW TO MAKE

1

골뱅이는 체에 밭쳐 물기를 빼고,

2

오이는 반달 썰고, 양파는 채 썰고,

3

대파는 채 썰고, 미나리는 먹기 좋은 길이로 썰고,

4

양념장을 만들고,

5

골뱅이와 손질한 채소를 양념장에 골고루 버무려 마무리.

→ 골뱅이 국물을 조금씩 넣어 간을 맞춰도 좋아요.

마음껏 먹어도 칼로리
걱정 No!
어묵곤약 조림

누구나 좋아하는 어묵과 쫄깃한 곤약으로 만든 밑반찬이에요. 특히 곤약은 칼로리가 매우 낮아 다이어트 하는 사람들이 가장 선호하는 재료이기도 해요. 달콤한 양념에 어묵과 곤약을 함께 조리기만 하면 끝. 식어도 맛있기 때문에 도시락 반찬으로도 좋아요.

READY (4인분)

필수 재료 • 사각어묵(100g), 곤약(50g)
선택 재료 • 맛술(1큰술), 통깨(1큰술)
양념장 • 다시마물(½컵)+조림간장(3큰술)+맛술(1큰술)+다진 마늘(1작은술)+올리고당(1큰술)+백후춧가루(0.5작은술)

HOW TO MAKE

1
어묵은 먹기 좋은 크기로 썰고, 곤약은 어묵보다 조금 더 크게 썬 뒤 꽈배기 모양으로 만들고,
→ 곤약은 끓는 물에 맛술(1큰술)을 넣어 재빨리 데친 후 찬물에 헹구면 비린 맛을 없앨 수 있어요.

2
양념장을 만들고,

3
중간 불로 달군 팬에 식용유를 적당량 두르고 어묵을 넣어 가볍게 볶고,

4
양념장과 곤약을 넣어 자작하게 조리고 통깨를 뿌려 마무리.

tip
쫄깃쫄깃함이 살아있는 곤약 꽈배기 만드는 법

1 곤약은 먹기 좋은 직사각형 크기로 썬 뒤 내천자(川)로 칼집을 내고,

2 칼집 낸 가운데로 곤약의 한쪽 끝을 안으로 집어 넣어 마무리.

뱅어포 한장에
칼슘이 듬뿍!

뱅어포
구이

뱅어포는 칼슘 덩어리라 불릴 만큼 영양이 풍부해요. 그래서 한창 자라나는 아이들과 뼈가 약한 어르신들에게 최고의 밑반찬이 된답니다. 입맛 돋우는 양념장만 잘 만들어 뱅어포에 골고루 묻혀 노릇하게 구우면 칼슘 가득한 건강 밑반찬이 완성됩니다.

READY (4인분)

필수 재료 • 뱅어포(10장)

선택 재료 • 쪽파(½대), 통깨(1큰술)

양념장 • 고운 고춧가루(2큰술)+다시마물(½컵)+맛간장(3큰술)+마늘즙(2큰술)+생강즙(1작은술)+맛술(2큰술)+고추장(6큰술)+올리고당(2큰술)+쌀엿(2큰술)+참기름(2큰술)
  → 맛간장 만드는 법은 16p를 참고하세요.

HOW TO MAKE

1

뱅어포의 앞뒤를 손바닥으로 문질러가며 잡티를 모두 털어내 깨끗이 손질하고,

2

양념장을 만들고, 쪽파는 송송 썰고,

3

뱅어포에 양념장을 골고루 펴 바른 뒤 10분 정도 재우고,

4

팬에 식용유를 적당량 두른 뒤 뱅어포가 타지 않게 중간 불로 한 장씩 굽고,
  → 뱅어포가 타지 않도록 빠르게 뒤집어가며 구워요.

5

뱅어포가 노릇하게 구워지면 쪽파와 통깨를 뿌려 마무리.
  → 상에 내기 전 먹기 좋은 크기로 잘라 주세요.

> **tip**
>
> **뱅어포, 석쇠로 굽는 법**
>
> 석쇠를 사용할 경우 뱅어포를 두 장씩 넣어 약한 불에서 앞뒤로 석쇠를 돌려가며 구우세요. 프라이팬에서 구울 때와는 다른 맛이 난답니다. 시간을 재면서 굽기보다는 뱅어포의 색이 노릇해지는지를 잘 지켜보면서 구우세요.

PART 7

everyday

사계절 맛있게!
시즌 레시피

한국인이 건강을 유지해온 가장 큰 비결은 사계절이 뚜렷하고 천혜의 자연환경을 가진 덕에 다양한 식재료를 이용한 요리가 많기 때문인데요. 약식동원, 즉 좋은 음식은 약과 같다는 말도 있듯이 제철 식재료를 이용해 만든 음식은 기운을 북돋아 준답니다. 시즌 파트에서는 우리 몸을 건강하게 지켜 줄 계절별 요리를 담았습니다.

새콤달콤 초간장으로 버무린
세발나물무침

세발나물은 실처럼 아주 가느다랗고 얇은 발처럼 생겼다 해서 붙여진 이름으로 무침이나 샐러드로 즐겨 먹어요. 겨우내 심심했던 입맛을 파릇하게 돋워 줄 봄 제철 나물로, 먹기 직전 새콤달콤한 고추장 양념에 가볍게 버무려 드셔보세요.

READY (4인분)

필수 재료 • 세발나물(100g)
양념장 • 고춧가루(2작은술)+멸치액젓(1큰술)+
다진 마늘(1작은술)+
다진 파(2작은술)+참기름(1큰술)+
소금(0.2작은술)+통깨(2작은술)

HOW TO MAKE

1

세발나물은 깨끗이 씻은 뒤 체에 밭쳐 물기를 빼고,

2

양념장을 만들고,

3

세발나물에 양념장을 골고루 버무려 마무리.
→ 세발나물은 먹기 직전에 버무려야 숨이 많이 죽지 않고 식감이 좋아요.

 tip

세발나물 간 하는 법
세발나물은 자체에 염분을 가지고 있으므로 간은 아주 약하게 하세요.

달콤한 곶감소스로 맛을 낸
세발나물샐러드

바다의 염분을 먹고 자란 세발나물은 칼슘 함량이 시금치의 20배나 되는 고칼슘 식품이랍니다. 염분 식물이라 살짝 짭짤하기 때문에 간을 최소로 하는 게 좋아요. 여기에 달콤한 소스로 맛을 중화하는 거죠. 무침보다 간이 덜하기 때문에 세발나물 그 자체의 맛을 즐기고 싶다면 세발나물샐러드를 만들어 보세요.

READY (4인분)

필수 재료 · 세발나물(100g), 배(60g), 깐 밤(4개)

곶감소스 · 파인애플즙(1큰술)+감식초(1큰술)+곶감(1개)+올리브유(1큰술)+소금(0.5작은술)

HOW TO MAKE

1

세발나물은 깨끗이 씻은 후 체에 밭쳐 물기를 빼고,

2
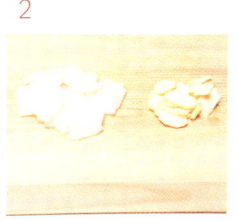
배와 밤은 모양대로 얇게 썰고,

3

곶감소스를 만들고,

4

세발나물과 밤, 배에 곶감소스를 뿌려 마무리.

한입 가득 봄의 기운이
느껴지는
쑥버무리

봄 하면 역시 쑥이겠죠? 따뜻한 햇살 아래 지천에 널린 쑥을 한 광주리 가득 뜯어 쌀가루에 묻혀 쪄 보세요. 쌀가루 반죽에 향긋한 쑥 향이 배어들어 입맛 없을 때 별미로 즐기기 좋아요. 대추를 채 썰어 곁들이면 달달한 대추 향이 입 안 가득 퍼져 향긋한 쑥과 함께 봄을 즐길수 있어요.

READY (4인분)

필수 재료 • 쑥(500g), 멥쌀가루(7컵), 대추(5알)
양념 • 설탕(2큰술), 소금(1작은술)

HOW TO MAKE

1

쑥은 뿌리 부분과 누런 떡잎을 깨끗이 손질하여 3~4번 흔들어 가며 씻어 체에 밭쳐 물기를 빼고,

2

멥쌀가루는 체에 내린 뒤 양념해 잘 섞고,

3

대추는 씨를 뺀 뒤 곱게 채 썰고,

4

멥쌀가루에 쑥을 넣어 잘 버무리고,

5

김 오른 찜기에 젖은 면포를 깐 뒤 멥쌀가루에 버무린 쑥을 올리고 채 썬 대추를 골고루 뿌린 뒤 젖은 면포를 덮고 센 불에서 25분 쪄내 마무리.

동글동글 한입 가득
즐기는 건강식

애탕

드라마 〈발효가족〉을 찍을 때 가족의 따뜻한 온정을 표현한 요리로 애탕을 선보였어요. 가족들이 빙 둘러앉아 애탕에 넣을 완자를 동글동글 빚으며 나누는 담소는 왜 그리도 정겨울까요? 연한 햇쑥을 곱게 다져 쇠고기와 함께 빚은 완자를 넣고 끓인 애탕. 시원한 국물을 떠먹고 동글동글한 반죽을 쏙쏙 건져 먹는 재미, 온 가족이 함께 즐겨 보세요.

READY (2인분)

필수 재료 • 쑥(300g), 다진 쇠고기(150g), 잣(1큰술), 녹말가루(1큰술)
선택 재료 • 소금(1작은술), 대파(5cm)
쇠고기밑간 • 국간장(2큰술), 다진 마늘(1작은술), 참기름(1큰술), 후춧가루(0.2작은술), 부순 참깨(1작은술)
국물 재료 • 물(4컵), 국간장(2큰술), 다진 마늘(1작은술), 된장(1큰술)

HOW TO MAKE

1

손질한 쑥은 씻어 끓는 물에 소금을 넣고 재빨리 데쳐 찬물에 씻은 뒤 물기를 꼭 짜 곱게 다지고,

2

다진 쇠고기는 키친타월로 핏물을 제거한 뒤 쇠고기밑간하고,

3

쇠고기에 다진 쑥을 넣고 잘 치대어 소를 만들고,

4

소를 조금씩 떼어 가운데를 누르고 잣 한 알씩 넣어 동그랗게 완자를 빚고,

5

접시에 녹말가루를 뿌린 뒤 완자에 녹말가루가 골고루 묻도록 굴리고,

6

냄비에 국물 재료, 완자를 넣고 센 불에 올려 끓어오르면 중간 불에서 2~3분 정도 더 끓인 뒤 송송 썬 대파를 넣어 마무리.

→ 싱거울 경우 기호에 따라 소금 간을 해 주세요.

 tip

쑥 보관법
쑥은 데쳐서 냉동 보관해야 하는데 물기를 꼭 짤 경우는 쑥이 질겨지므로 물기를 꼭 짜지 않은 상태에서 냉동 보관하고, 먹을 때 꺼내어 잘게 다져 요리하면 1년 내내 애탕을 즐길 수 있답니다.

가볍게 버무려 향긋하게 즐기는
냉이무침

봄을 대표하는 뿌리채소인 냉이는 된장 양념장에 조물조물 무치면 손쉽게 즐길 수 있는 밑반찬이 된답니다. 냉이의 향긋한 향은 계절을 느낄 수 있게 해주는 별미예요. 나른한 봄철 냉이무침이 입맛을 돋워 준답니다.

READY (4인분)

필수 재료 • 냉이(400g), 소금(1작은술)

양념장 • 고운 고춧가루(1작은술)+간장(1큰술)+다진 마늘(1큰술)+다진 파(1큰술)+된장(1큰술)+들기름(1큰술)+통깨(1큰술)

HOW TO MAKE

| 1 | 2 | 3 | 4 |

냉이는 뿌리 부분을 다듬은 뒤 찬물로 깨끗이 씻어 체에 밭쳐 물기를 빼고,

끓는 물에 소금을 넣어 냉이를 재빨리 데친 뒤 찬물에 2~3번 헹궈 체에 밭쳐 물기를 빼고,

양념장을 만들고,

냉이에 양념장을 골고루 버무려 마무리.

쫄깃한 우렁이에 향긋한 냉이가 한가득
냉이우렁된장국

냉이는 봄의 기운을 느낄 수 있는 대표적인 봄철 나물이죠. 된장국에 쫄깃한 우렁이를 듬뿍 넣어 향긋한 냉이를 곁들이면 우렁이와 함께 어우러지는 깊고 진한 국물 맛이 냉이의 향을 한층 살려준답니다.

READY (2인분)

필수 재료 · 냉이(200g), 우렁이(200g), 멸치다시마육수(4컵)
→ 멸치다시마육수 만드는 법은 23p를 참고하세요.

양념 · 된장(2큰술), 고춧가루(1작은술), 다진 마늘(2작은술)

HOW TO MAKE

1

냉이는 깨끗이 손질하여 뿌리가 큰 것은 반으로 자른 뒤 찬물에 깨끗이 씻고 체에 받쳐 물기를 빼고,

2

우렁이는 깨끗이 씻어 끓는 물에 재빨리 데친 뒤 찬물에 씻고 체에 받쳐 물기를 빼고,

3

냄비에 멸치다시마육수를 붓고 센 불로 끓이다 된장과 고춧가루, 냉이를 넣어 끓이고,

4

끓어오르면 중간 불로 줄여 우렁이, 다진 마늘을 넣고 10분 정도 더 끓여 마무리.

향긋한 달래와 고소한 김의 만남
달래김무침

향긋한 달래에 양념장을 김과 함께 버무려보세요. 강한 달래의 향이 김과 어우러져 특별히 간을 하지 않아도 온 가족 입맛에 딱 맞는 독특한 풍미의 밑반찬이 완성된답니다.

READY (4인분)

필수 재료 · 김(10장), 달래(100g), 붉은고추(1개)
→ 파래김을 사용하는 것이 좋아요.

양념장 · 고춧가루(2작은술)+다시마간장(2큰술)+다시마물(5큰술)+다진 마늘(1작은술)+올리고당(1큰술)+참기름(1큰술)+통깨(1큰술)
→ 다시마간장 만드는 법은 16p를 참고하세요.

HOW TO MAKE

1
팬에 김을 두 장씩 올려 약한 불로 앞뒤를 살짝 구운 뒤 비닐 봉투에 넣어 잘게 부수고,

2
달래는 뿌리 부분까지 깨끗이 씻어 체에 밭쳐 물기를 뺀 뒤 먹기 좋은 길이로 썰고, 붉은고추는 길게 반 갈라 곱게 채 썰고,

3
양념장을 만들고,

4
김과 달래, 붉은고추에 양념장을 골고루 버무려 마무리.

춘곤증예방에 좋은
달래해물전

달래는 자연이 주는 자양강장제로 불릴 만큼 피로회복에 효과가 뛰어나 임금님도 즐겨 드셨다고 합니다. 춘곤증과 수족냉증까지 예방한다고 하니 봄에 꼭 먹어야 하는 나물이에요. 쌉싸름한 달래와 쫄깃한 해산물로 전을 부쳐 고소하게 즐겨 보세요.

READY (4인분)

필수 재료 · 달래(100g), 당근(50g), 오징어($\frac{1}{2}$마리)

반죽 재료 · 달걀(1개), 부침가루(1컵), 물($\frac{1}{2}$컵)

초간장 · 간장(3큰술)+식초(2큰술)+매실청(2큰술)

HOW TO MAKE

1
달래는 뿌리 부분까지 깨끗이 씻어 체에 밭쳐 물기를 뺀 뒤 먹기 좋은 길이로 썰고, 당근은 곱게 채 썰고,

2
오징어는 배를 갈라 내장을 뺀 뒤 껍질을 벗겨 몸통과 다리를 먹기 좋은 크기로 썰고,

3
반죽 재료를 섞어 반죽을 만들고, 달래와 당근, 오징어를 넣어 섞고,

4
팬에 식용유를 적당량 두르고 반죽을 한 수저씩 떠 넣어 중간 불에서 노릇하게 지져낸 뒤 초간장을 곁들여 마무리.

봄의 싱그러움을 가득 담은
봄동겉절이

봄이 오면 가장 먼저 시장에 나타나는 재료가 봄동이죠. 겨우내 몰아치는 한파를 이겨내며 자란 아삭한 봄동으로 신선한 겉절이를 무쳐 보세요. 봄동은 수분이 많아 갈증을 없애주고 비타민 C가 풍부하여 봄철 나른함을 없애기도 해요. 상큼한 겉절이에 고기 요리를 곁들이면 더욱 좋답니다.

READY (4인분)

필수 재료 · 달래(50g), 봄동(300g)
양념장 · 고춧가루(3큰술)+멸치액젓(3큰술)+식초(1큰술)+다진 마늘(1큰술)+매실청(2큰술)+올리고당(1큰술)+통깨(2큰술)

HOW TO MAKE

1

달래는 깨끗이 씻어 체에 밭쳐 물기를 빼고,
→ 달래는 뿌리 부분을 살살 비벼가며 씻어요.

2

봄동은 뿌리 쪽을 2cm 정도 잘라내고 찬물에 씻어 체에 밭치고,

3

양념장을 만들고,

4

봄동과 달래에 양념장을 골고루 버무려 마무리.

봄의 향이 절로 나는
유채나물무침

노란 빛깔의 유채꽃은 보기만 해도 봄의 정취가 느껴지지요. 제주도에서는 유채 잎으로 김치를 담가 먹기도 한답니다. 하지만 뭐니 뭐니 해도 유채나물의 매력은 무침이 아닐까 싶은데요. 가볍게 버무려 먹으면 입 안 가득 따뜻한 봄날의 제주도를 느낄 수 있을 거예요.

READY (4인분)

필수 재료 · 유채나물(400g), 소금(1작은술)

양념장 · 소금(1작은술)+다진 마늘(1작은술)+다진 파(1작은술)+참기름(1큰술)+부순 참깨(1큰술)

HOW TO MAKE

1

유채나물은 깨끗이 씻은 뒤 체에 밭쳐 물기를 빼고,

2

끓는 물에 소금을 넣고 유채나물을 재빨리 데쳐 찬물에 한 번 씻어 물기를 꼭 짠 뒤 먹기 좋은 길이로 썰고,

3

양념장을 만들고,

4

유채나물에 양념장을 골고루 버무려 마무리.

씹을수록 고소함이 느껴지는
취나물된장무침

취나물은 제철인 3월에서 5월에 맛과 향이 가장 뛰어나답니다. 한겨울 웅크렸던 몸과 마음을 깨우며 무더운 여름을 대비할 수 있는 약성이 좋은 산나물이죠. 취나물 무침 뿐 아니라 쌈밥, 취나물 밥으로 다양한 맛을 낼 수 있어요.

READY (4인분)

필수 재료 · 취나물(300g), 소금(1작은술)
양념장 · 고춧가루(1작은술)+다시마물(3큰술)+다진 마늘(2작은술)+된장(2큰술)+들기름(2큰술)+부순 참깨(1큰술)

HOW TO MAKE

1
취나물은 누런 잎을 떼어낸 뒤 단단한 줄기 부분은 자르고 찬물에 깨끗이 씻고,

2
끓는 물에 소금을 넣어 재빨리 데치고 2번 정도 씻어 물기를 꼭 짠 뒤 먹기 좋은 크기로 썰고,

3
양념장을 만들고,

4
취나물에 양념장을 골고루 버무려 마무리.

나른한 봄날을 깨우는 웰빙 나물
씀바귀무침

이른 봄에 씀바귀나물을 먹으면 그 해 여름에 더위를 타지 않는다는 이야기가 있어요. 그래서 저는 봄이 되면 가족들을 위해 씀바귀나물을 꼭 준비한답니다. 쌉싸름한 맛이 일품인 씀바귀나물에 매콤한 고추장 양념을 버무려 먹으면 입맛도 한껏 돋울 수 있어요. 다양한 종류의 나물을 맛볼 수 있는 봄철, 꼭 빼놓지 말고 먹어야 할 나물 요리로 추천합니다.

READY (4인분)

필수 재료 · 씀바귀(200g), 소금(1작은술)

양념장 · 다진 마늘(2작은술)+다진 파(2작은술)+고추장(2큰술)+매실청(1큰술)+올리고당(1큰술)+참기름(1큰술)+통깨(1큰술)

HOW TO MAKE

1

씀바귀는 깨끗이 손질하고, 끓는 물에 소금을 넣어 살짝 데치고,

2

찬물에 20분 정도 담가 쓴맛을 우려낸 뒤 헹궈 물기를 꼭 짜고 먹기 좋은 길이로 썰고,

3

양념장을 만들고,

4

씀바귀에 양념장을 골고루 버무려 마무리.

보기만 해도
봄의 싱그러움이 물씬

두릅강회

두릅은 '산채의 제왕'이라 불릴만큼 건강에 좋은 나물로 알려져 있어요. 특히 몸의 활력을 불어넣고 피로를 풀어주기 때문에 잦은 야근에 지친 남편을 위해 준비하면 좋아요. 여기에 쫄깃한 식감을 더해줄 새송이버섯도 함께 곁들여 보세요.

READY (4인분)

필수 재료 · 두릅(600g), 새송이버섯(200g)
소금물 · 소금(1작은술)+물(5컵)
초고추장 · 식초(2큰술)+고추장(2큰술)+매실청(2큰술)+올리고당(1큰술)

HOW TO MAKE

1

두릅은 깨끗이 손질하고 찬물에 씻어 체에 밭쳐 물기를 빼고,

2

소금물을 끓여 두릅을 넣고 재빨리 데친 뒤 찬물에 씻어 체에 밭쳐 물기를 빼고,

3

새송이버섯은 먹기 좋은 크기로 썰고,

4

끓는 소금물에 재빨리 데친 뒤 찬물에 씻어 체에 밭쳐 물기를 빼고,

5

초고추장을 만들고,

6

접시에 새송이버섯을 돌려 담고 두릅을 올린 뒤 초고추장을 곁들여 마무리.

 tip

두릅밥 만드는 법

밥을 지을 때 두릅을 넣어 두릅밥을 해 보세요. 불린 쌀(1컵)에 들기름(2큰술)을 넣고 달달 볶다가 다시마물(1.5컵)을 붓고 밥물이 끓어오르면 손질한 두릅을 넣고 중간 불에서 물이 자작해지면 약한 불로 줄여 10분 정도 뜸 들여서 양념장을 곁들이면 끝! 은은한 두릅 향이 밴 밥의 맛은 정말 좋아요.

입안 가득 고소함이
퍼지는
두릅적

두릅은 산기슭이나 골짜기에서 자라는 두릅나무에서 나오는 어린 순을 말하죠. 아주 독특한 향이 나는 산나물인데 쌉싸름한 맛과 향은 식욕을 돋우고 소화 흡수에 도움이 된답니다. 특히 '봄 두릅은 금, 가을 두릅은 은'이라는 말이 있을 정도로 두릅은 웰빙 식재료 중 으뜸으로 꼽혀요. 첫 맛은 쌉싸름하지만 씹을수록 단맛이 나기 때문에 조금만 다르게 조리하면 아이들도 맛있게 먹을 수 있는 좋은 재료랍니다.

READY (4인분)

필수 재료 • 두릅(300g), 쇠고기(목심, 300g), 달걀(2개)
소금물 • 소금(1작은술), 물(5컵)
밑간 • 맛술(1큰술), 조림간장(1큰술), 다진 마늘(1작은술), 올리고당(1작은술), 참기름(2작은술), 후춧가루(0.5작은술)
초간장 • 간장(3큰술)+식초(2큰술)+매실청(2큰술)

HOW TO MAKE

1

두릅은 깨끗이 손질하고, 찬물에 씻어 체에 밭쳐 물기를 빼고,

2

소금물을 끓여 두릅을 넣고 재빨리 데친 뒤 찬물에 씻어 체에 밭쳐 물기를 빼고,

3

쇠고기는 키친타월로 핏물을 제거해 밑간한 뒤 10분 정도 두고,

4

꼬치에 두릅과 쇠고기를 번갈아 끼우고,

5

달걀을 풀고 체에 걸러 알끈을 제거하고, 달걀물에 두릅 꼬치를 적시고,

6

팬에 식용유를 적당량 두르고 중간 불로 꼬치를 앞뒤로 노릇하게 지져 초간장을 곁들여 마무리.

입맛 잃은 여름에 딱!
콩물열무
물김치

저는 계절마다 어울리는 김치를 담급니다. 여름이면 열무를 넉넉히 사서 콩물열무 물김치를 주로 담그지요. 시원하게 냉장 보관해 살얼음이 살짝 낀 상태로 한입 떠먹으면 구수하면서도 새콤달콤 시원한 그 맛에 입맛이 살아나요. 쫄깃한 소면에 열무물김칫국물을 넉넉히 부어 먹으면 아삭하게 씹히는 열무에 칼칼하고 매콤한 육수가 어우러져 한여름 입맛 지키는 간단한 한 그릇 요리로 제격이지요.

READY (4인분)

필수 재료 · 열무(1.5kg), 콩(백태, 2컵), 다시마물(4ℓ), 청양고추(10개), 붉은고추(5개), 쪽파(10대)
소금물 · 굵은 소금($\frac{1}{2}$컵), 물(5컵)
양념장 · 고운 고춧가루(4큰술)+마늘즙(5큰술)+양파즙(5큰술)+생강즙(2작은술)+새우젓국물(3큰술)+멸치액젓($\frac{1}{2}$컵)+매실청(5큰술)+소금(1큰술)

HOW TO MAKE

1

열무는 손질해 먹기 좋은 길이로 자른 뒤 찬물에 2~3번 헹구고 소금물에 2시간 정도 절인 뒤 깨끗이 씻어 체에 받쳐 물기를 빼고,
→ 열무는 흐르는 물에서 살살 씻어야 풋내가 나지 않아요.

2

콩은 깨끗이 씻어 찬물에 3시간 정도 담가 불리고,

3

냄비에 콩과 물(3컵)을 넣고 센 불에 올려 끓어오르면 중간 불로 줄여 2분 정도 더 끓인 뒤 불을 완전히 꺼 식히고, 콩 껍질을 벗겨 깨끗이 씻고,

4

블렌더에 콩과 다시마물을 넣어 곱게 간 뒤 면포에 콩물을 걸러내고,

5

양념장을 만든 뒤 콩물에 넣고 풀어 잘 섞고,

6

밀폐용기에 열무를 켜켜이 담고, 청양고추, 붉은 고추는 어슷 썰고, 쪽파는 3cm 길이로 썰어 넣은 뒤 양념한 콩물을 부어 마무리.
→ 상온에서 하루 정도 둔 뒤 냉장 보관해 3~5일 후부터 먹어요.

입맛 살리는
매콤 달콤 별미

열무 비빔국수

한낮에 지칠 만큼 땀을 많이 흘린 날에는 유난히 시원한 비빔국수가 생각날 거에요. 열무김치만 잘 담가 탱글탱글한 소면에 매콤한 양념장을 곁들여 쓱쓱 비비면 시원한 열무비빔국수가 된답니다. 여기에 쇠고기를 더해 담백한 맛과 영양을 높이고 오이를 곁들이면 좀 더 시원하고 상큼한 맛을 낼 수 있어요.

READY (4인분)

필수 재료 • 쇠고기(200g), 백오이(½개), 열무김치(400g), 소면(400g)
선택 재료 • 통깨(1큰술)
밑간 • 맛술(1큰술), 간장(2큰술), 다진 마늘(2작은술), 올리고당(1큰술), 참기름(2작은술)
양념장 • 양지육수(½컵)+다진 마늘(2작은술)+다진 파(2작은술)+고추장(4큰술)+올리고당(1큰술)+참기름(4큰술)+부순 참깨(1큰술)
→ 양지육수 만드는 법은 23p를 참고하세요.
열무김치 양념 • 매실청(1큰술), 참기름(1큰술), 부순 참깨(1큰술)

HOW TO MAKE

1
쇠고기는 키친타월로 핏물을 제거하고 채 썰어 밑간한 뒤 팬에 중간 불로 가볍게 볶고,

2
양념장을 만들고, 오이는 채 썰고,

3
열무김치는 먹기 좋은 길이로 썬 뒤 열무김치 양념에 버무리고,

4
냄비에 물을 넉넉히 (약 5ℓ) 붓고 소금(1큰술)을 넣어 팔팔 끓으면 소면을 부채꼴 모양으로 넣어 저어가며 삶고, 물이 끓어오르면 물(1컵)을 더 넣어 2~3분정도 끓인 뒤 찬물에 헹구어 체에 받쳐 물기를 빼고.

5
소면에 양념장을 골고루 버무린 뒤 그릇에 담아 열무김치, 쇠고기, 오이를 올리고 통깨를 뿌려 마무리.

동글동글 새우완자
골라 먹는 재미

새우완자
된장
아욱국

시금치보다 단백질이 3배나 풍부하다는 아욱. 구수한 된장과 보글보글 끓여 시원한 국물 요리로 즐겨 보세요. 다진 새우로 완자를 동그랗게 빚어 넣으면 새우의 담백한 맛이 어우러져 더욱 맛있답니다. 된장국이 익숙한 어른들은 물론 담백한 새우의 맛을 좋아하는 아이들까지, 남녀노소 누구나 즐길 수 있는 국물 요리로 평범했던 우리 집 밥상을 특별하게 바꿔 보세요.

READY (2인분)

필수 재료 • 새우살(200g), 녹말가루(2큰술), 아욱(300g), 다시마물(4컵)
선택 재료 • 대파(3cm)
밑간 • 전분가루(2작은술), 달걀흰자(1개 분량), 다진 마늘(1작은술), 다진 파(1작은술), 참기름(1작은술), 소금(0.5작은술)
양념장 • 고춧가루(2작은술)+다진 마늘(2작은술)+된장(2큰술)

HOW TO MAKE

1

새우살은 깨끗이 씻고 물기를 완전히 제거한 뒤 곱게 다져 밑간하고,

2

동그랗게 완자를 빚어 녹말가루를 골고루 묻히고,

3

아욱은 줄기의 단단한 부분을 꺾고 껍질을 벗긴 뒤 손으로 살살 비벼가며 깨끗이 씻어 체에 밭쳐 물기를 빼고,
→ 아욱에는 쓴맛이 있기 때문에 잘 비벼가며 씻어야 쓴맛을 없앨 수 있어요.

4

대파는 송송 썰고,

5

양념장을 만들고,

6

냄비에 다시마물(4컵)을 붓고 양념장과 아욱을 넣어 센 불에서 끓어오르면 중간 불로 줄인 뒤 새우완자를 넣고, 동동 뜰 때까지 5분 정도 더 끓이고 기호에 따라 파를 올려 마무리.

무침으로도 즐겨 보세요!
근대무침

7~8월이 제철인 근대 하면 된장국이 생각나죠. 옛부터 위와 장을 튼튼히 한다고 하여 주로 국으로 끓였다 합니다. 하지만 잎이 연하고 부드러워 무침으로 즐겨도 좋아요. 맛이 순한 근대를 된장에 조물조물 무쳐 상에 올려 보세요.

READY (4인분)

필수 재료 · 근대(200g), 소금(1작은술)
→ 근대는 지나치게 크거나 억세지 않고 부드러우며 잎이 상한 곳이 없고 단단한 광택이 있는 것이 좋아요.

양념장 · 소금(1작은술)+들깻가루(2큰술)+다진 마늘(2작은술)+다진 파(2작은술)+들기름(2큰술)

HOW TO MAKE

1 근대는 줄기의 섬유질을 벗겨 깨끗이 씻고.

2 끓는 물에 소금과 근대를 넣어 재빨리 데쳐 찬물에 헹궈 체에 밭쳐 물기를 뺀 뒤 먹기 좋은 길이로 썰고.

3 양념장을 만들고.

4 근대에 양념장을 골고루 버무려 마무리.
→ 기호에 따라 된장이나 간장을 조금씩 추가해 버무려도 좋아요.

자작하게 조려낸 칼슘 덩어리
양미리조림

양미리만 보면 어릴 적, 겨울이면 친정어머니께서 처마 밑에 새끼줄로 양미리를 주렁주렁 달아 두었던 기억이 난답니다. 찬바람에 꼬들꼬들 말린 양미리를 튀겨 머리부터 꼬리까지 남김없이 먹곤 했는데요. 양미리를 양념장에 자작하게 조려내면 뼈까지 씹어 먹을 수 있을 만큼 부드러워진답니다.

READY (4인분)

필수 재료 • 양미리(10마리), 무(1토막)
선택 재료 • 맛술(2큰술), 통깨(1큰술)
양념장 • 다시마물($\frac{1}{2}$컵)+조림간장(2큰술)+다진 마늘(2작은술)+다진 파(1큰술)+고추장(1큰술)+참기름(1큰술)+후춧가루(0.5작은술)

HOW TO MAKE

1

양미리는 머리와 꼬리를 자르고 깨끗이 씻어 맛술에 10분 정도 재운 뒤 한 번 더 씻어 체에 밭쳐 물기를 빼고,

2

무는 길게 나박 썰고,

3

양념장을 만들고,

4

달군 팬에 무를 깔고 양미리와 양념장을 넣어 중간 불로 10~15분 정도 양념장을 끼얹어 가며 조린 뒤 통깨를 뿌려 마무리.

고급스럽게 즐기는
쫀득한 대하요리

대하잣즙
냉채

통통하게 살이 오른 대하를 소금구이로만 먹어왔다면 이번엔 냉채로 즐겨 보세요. 가을 대하는 맛이 좋고 살이 통통하며 먹으면 힘이 나 자양강장제라 불릴 정도예요. 잣가루 듬뿍 넣은 겨자소스에 무치면 고소함이 배가 되어 맛이 일품인 냉채를 즐길 수 있답니다.

READY (4인분)

필수 재료 • 대하(4마리), 맛술(2큰술), 전복(1마리), 오징어(작은것, ½마리), 배(¼개), 백오이(50g)

겨자잣소스 • 잣가루(3큰술)+배즙(2큰술)+연겨자(2작은술)+매실청(2큰술)+참기름(1큰술)+소금(¼작은술)+백후춧가루(⅓작은술)

HOW TO MAKE

1

대하는 이쑤시개로 등 쪽에 있는 내장을 제거해 깨끗이 씻고, 끓는 물에 대하와 맛술을 넣어 재빨리 데친 뒤 건져내 껍질을 벗겨 반으로 가르고,

2

전복은 내장을 제거해 깨끗이 씻고, 오징어는 껍질을 벗겨 깨끗이 씻은 뒤 사선으로 칼집을 넣어 어슷 썰고,

3

배는 껍질을 벗겨 씨를 뺀 뒤 모양대로 얇게 썰고, 오이는 길게 반 갈라 얇게 어슷 썰고,

4

찜통에 오징어, 전복을 넣어 2분 정도 쪄 식힌 후 차게하고,

5

겨자잣소스를 만들어 냉장실에서 차게 하고,

6

대하, 오징어, 전복에 겨자잣소스를 골고루 버무린 뒤 배, 오이를 올려 마무리.

쫄깃한
겨울바다의 맛
과메기 다시마쌈

겨울철 꼭 먹어야 할 제철 재료로 역시 과메기를 꼽을 수 있죠. 과메기는 청어나 꽁치를 3~4일 정도 냉동과 해동을 반복하며 해풍에 건조한 것인데요. 자연 그대로의 짭조름함을 느낄 수 있답니다. 간혹 비린내 때문에 먹기를 꺼리는 분들도 많은데요, 이 때 싱싱한 다시마를 곁들이면 비린내 없이 담백한 맛을 느낄 수 있답니다. 여기에 매콤달콤한 초고추장을 곁들여 입맛까지 살려 보세요.

READY (4인분)

필수 재료 • 과메기(4마리), 염장 다시마(50g), 배추 속대(50g), 청양고추(1개), 붉은고추(1개), 마늘(4쪽), 쪽파(4대)
초고추장 • 식초(2큰술)+고추장(2큰술)+매실청(2큰술)+올리고당(1큰술)

HOW TO MAKE

1 과메기는 먹기 좋은 크기로 썰고,

2 염장 다시마는 찬물에 2~3번 씻어 짠맛을 완전히 제거한 뒤 먹기 좋은 크기로 썰고,
→ 염장 다시마의 짠맛이 강한 경우 끓는 물에 살짝 데친 뒤 찬물에 씻어 주세요.

3 배추 속대는 뿌리 쪽을 2cm 정도 자른 뒤 깨끗이 씻어 체에 밭쳐 물기를 빼고,

4 청양고추, 붉은고추는 어슷 썰고, 마늘은 얇게 편 썰고, 쪽파는 먹기 좋은 길이로 썰고,

5 초고추장을 섞고,

6 접시에 과메기와 손질한 재료를 보기 좋게 담고 초고추장을 곁들여 마무리.

바다를 한 접시에 담은
석화 샐러드

바다의 우유라 불리는 싱싱한 석화를 접시 가득 담아 가볍게 즐길 수 있는 샐러드를 만들어 볼게요. 석화의 식감이나 비릿한 맛 때문에 멀리하는 분들도 있을 텐데요. 이럴 땐 레몬과 유자소스를 곁들여 보세요. 깔끔한 맛을 즐길 수 있답니다.

READY (4인분)

필수 재료 • 석화(8개), 무순(약간)
선택 재료 • 귤(1개)
밑간 • 맛술(2큰술), 백후춧가루(0.5작은술)
유자소스 • 레몬즙(1큰술)+유자청(1큰술)

HOW TO MAKE

1

석화는 흐르는 물에 재빨리 씻어 체에 밭쳐 물기를 뺀 뒤 밑간을 하고,

2

무순은 깨끗이 씻어 체에 밭쳐 물기를 빼고, 귤은 깨끗이 씻고 껍질을 벗겨 1cm 길이로 채 썰고,

3

유자소스를 만들고,

4

석화에 유자소스를 뿌리고 채 썬 귤 껍질과 무순을 올려 마무리.

 tip

좋은 석화란?

신선한 석화는 색이 둔탁하지 않고 선명해야 하며 손으로 살짝 눌렀을 때 살이 단단해야 해요. 석화에 남은 뻘이 있을까 걱정될 때는 무를 갈아 즙에 재워두면 무즙이 오물을 흡수한답니다.

추운 속을 달래는
따뜻한 한입
굴두부탕

겨울철 추위에 떨며 집에 도착하면 따뜻한 국물 한 숟가락이 간절하죠. 이럴 때 굴두부탕 한 그릇 어떨까요? '바다의 우유'라 불리는 겨울 굴은 알차고 실한 크기에 영양까지 한가득이라 그 자체만으로도 보양식이에요. 깊고 진한 국물 맛이 일품인 다시마물에 굴을 우려낸 뒤 부드러운 두부를 넣어 맑게 끓여보세요.

READY (2인분)

필수 재료 • 굴(400g), 두부(½모=150g), 쪽파(2대), 붉은고추(1개), 다시마물(4컵)
소금물 • 소금(2작은술), 물(10컵)
양념 • 새우젓(1큰술), 다진 마늘(2작은술)

HOW TO MAKE

1

굴은 소금물에 담가 가볍게 씻고,

2

체에 받쳐 물기를 빼고,

3

두부는 깍둑 썰고, 쪽파는 먹기 좋은 길이로 썰고, 붉은고추는 반 갈라 씨를 뺀 뒤 곱게 채 썰고,

4

냄비에 다시마물을 붓고 센 불에 올려 끓어오르면 중간 불로 줄여 굴, 두부, 붉은고추, 양념을 넣어 한 번 더 끓이고,

5

쪽파를 넣고 10분 정도 더 끓여 마무리.

추운 겨울 호호 불며 먹는
바다의 영양

매생이 굴죽

청정지역에서만 자라는 무공해 식물인 매생이는 본래 '생생한 이끼를 바로 뜯는다'라는 순수 우리말로써 녹조식물에 속하는 해조류의 일종이지요. 최고의 맛을 자랑하는 겨울철 별미인 매생이굴국으로 추운 겨울을 이겨 보세요.

READY (2인분)

필수 재료 · 매생이(300g), 굴(200g), 다시마물(4컵)

선택 재료 · 대파(3cm)

소금물 · 소금(1작은술), 물(5컵)

양념 · 참기름(2큰술), 국간장(1큰술), 다진 마늘(1큰술)

HOW TO MAKE

1
매생이는 체에 밭쳐 흐르는 물에 깨끗이 씻어 물기를 빼고,

2
굴은 소금물에 담가 가볍게 씻어 체에 밭쳐 물기를 빼고,

3
대파는 송송 썰고,

4
냄비에 참기름을 두르고 센 불로 굴을 달달 볶고,

5
다시마물과 매생이를 넣고 센 불에 5분, 중간 불로 줄여 5분 정도 더 끓이고,

6
국간장, 다진 마늘을 넣어 4분 정도 더 끓이고 대파를 넣어 마무리.

 tip

매생이 보관법

매생이는 11월부터 5월까지가 제철이며, 짙은 청록색이 선명하면 좋은 매생이에요. 매생이를 먹기 좋은 양만큼씩 소분해서 냉동 보관하면 매생이가 나지 않는 계절에도 제대로 된 매생이국을 즐길 수 있답니다.

INDEX

ㄱ

가지냉국 / 66
가지무침 / 70
가지볶음 / 64
가지전과 쇠고기버섯볶음 / 68

간장게장 / 146
갈비탕 / 196
감자냉채국수 / 110
감자조림 / 106
견과류떡갈비 / 194
고구마샐러드 / 112
고등어조림 / 144
고사리들깨볶음 / 71
고추장두부찌개 / 242
과메기다시마쌈 / 308
굴두부탕 / 312
근대무침 / 304
김장아찌 / 176
깍두기 / 80
깻잎간장장아찌 / 122

꼬막찜 / 162
꽈리고추콩가루찜 / 78

ㄴ

낙지양배추볶음 / 158
냉이무침 / 286
냉이우렁된장국 / 287
느타리버섯볶음 / 46
느타리버섯전 / 45

ㄷ

다시마튀각 / 171
달걀버섯장조림 / 230
달걀새우찜 / 232
달래김무침 / 288
달래해물전 / 289
닭강정 / 216
닭다리콩조림 / 218
닭볶음탕 / 214
대하잣즙냉채 / 306
더덕생채 / 124
더덕양념구이 / 126
더덕장아찌 / 128
도라지볶음 / 113
도라지오이초고추장무침 / 114
도토리묵김치무침 / 248

도토리묵밥 / 250
동태탕 / 140
돼지고기김치찌개 / 212
된장소스차돌박이봄동무침 / 186
두릅강회 / 294
두릅적 / 296
두부샐러드 / 236
두부스틱 / 238
두부해물찜 / 240
등갈비찜 / 204

ㅁ

마늘장아찌 / 115
마늘종간장장아찌 / 116
마늘종무침 / 120
마늘종쇠고기조림 / 118
마른오징어식해 / 154
맑은감잣국 / 108
맑은대구탕 / 136
매생이굴국 / 314

매운홍합볶음 / 160

맥적 / 206
목이버섯고추볶음 / 58
무나물 / 88
무조림 / 86
무피클만두 / 84
물미역생굴초무침 / 172
미나리전 / 130
미나리팽이버섯무침 / 132

배추김치 / 26
배추속대국 / 32
백김치 / 30
뱅어포구이 / 276
버섯국 / 56
버섯들깨탕 / 52
버섯샐러드 / 48
버섯전골 / 54
봄동겉절이 / 290
부추오징어무침 / 102

부추전 / 104
북엇국 / 138
불고기김치샐러드 / 198

삼치카레구이 / 143
새송이버섯미역국 / 44
새우완자된장아욱국 / 302
석화샐러드 / 310
세발나물무침 / 280
세발나물샐러드 / 281
쇠고기단호박전병 / 190
쇠고기뭇국 / 200
쇠고기오절판 / 188
쇠고기찹쌀구이 / 184
쇠고기코다리조림 / 182
순두부찌개 / 244
시금치된장국 / 40
시금치무침 / 41
시금치바지락볶음 / 42
시래기된장사태조림 / 192

쑥갓두부무침 / 129
쑥버무리 / 282
씀바귀무침 / 293

아귀찜 / 166
알타리김치 / 82
애탕 / 284
애호박새우젓볶음 / 97
애호박오징어찌개 / 100
애호박찜 / 98
양념게장 / 148
양미리조림 / 305
어묵곤약조림 / 274
얼갈이배추감자물김치 / 28
연근샐러드 / 94
연근장아찌 / 96
연근전 / 92
연두부냉채 / 234
연포탕 / 156

열무비빔국수 / 300
영양삼계탕 / 220
오리고추장불고기 / 224
오이갑장과 / 62
오이고추된장무침 / 76
오이고추물김치 / 74
오이소박이 / 60
오징어불고기 / 150
오징어해물누룽지탕 / 152
우엉유자청무침 / 89
우엉장아찌 / 91
우엉조림 / 90
유채나물무침 / 291
육전 / 180

전복장 / 164
주꾸미삼겹살볶음 / 208

차돌박이콩된장찌개 / 202
채소달걀말이 / 228
청양고추장아찌 / 72
초계탕 / 222
취나물된장무침 / 292

캔고등어된장조림 / 264
캔골뱅이채소무침 / 272
캔꽁치김치찜 / 260
캔꽁치무조림 / 262
캔닭가슴살김치볶음밥 / 270

캔옥수수전 / 256
캔죽순볶음 / 258
캔참치샐러드 / 266
캔참치파인애플꼬치 / 268
콩나물김칫국 / 38
콩나물냉채 / 34

콩나물무침 / 35
콩나물잡채 / 36
콩되비지찌개 / 246
콩물열무물김치 / 298

톳두부된장무침 / 168
톳장아찌 / 170
통삼겹김치찜 / 210

파래무침 / 174
표고버섯전 / 50
풋마늘초무침 / 121

ㅎ

호두장과 / 252
황태포장아찌 / 142